高速公路运营安全风险管控及隐患排查治理工作指南

Guidelines for Expressway Operation Safety Risk Control
and Hidden Danger Investigation and Rectification

广东省南粤交通投资建设有限公司　编
广东华路交通科技有限公司

人民交通出版社
北京

图书在版编目（CIP）数据

高速公路运营安全风险管控及隐患排查治理工作指南／广东省南粤交通投资建设有限公司，广东华路交通科技有限公司编. — 北京：人民交通出版社股份有限公司，2024.12. — ISBN 978-7-114-20011-3

Ⅰ．U491.4-62

中国国家版本馆 CIP 数据核字第 20256MH440 号

Gaosu Gonglu Yunying Auquan Fengxian Guankong ji Yinhuan Paicha Zhili Gongzuo Zhinan

书　　名：	高速公路运营安全风险管控及隐患排查治理工作指南
著　作　者：	广东省南粤交通投资建设有限公司
	广东华路交通科技有限公司
责任编辑：	李　农　刘永超　石　遥
责任校对：	卢　弦
责任印制：	刘高彤
出版发行：	人民交通出版社
地　　址：	（100011）北京市朝阳区安定门外外馆斜街 3 号
网　　址：	http://www.ccpcl.com.cn
销售电话：	（010）85285857
总 经 销：	人民交通出版社发行部
经　　销：	各地新华书店
印　　刷：	北京市密东印刷有限公司
开　　本：	880×1230　1/16
印　　张：	11
字　　数：	248 千
版　　次：	2024 年 12 月　第 1 版
印　　次：	2024 年 12 月　第 1 次印刷
书　　号：	ISBN 978-7-114-20011-3
定　　价：	80.00 元

（有印刷、装订质量问题的图书，由本社负责调换）

《高速公路运营安全风险管控及隐患排查治理工作指南》

编审委员会

主 任 委 员：李晋峰

副主任委员：陈子建　刘卫平　潘　放　苏堪祥

委　　　员：陈贵锋　王安怀　李立新　黄少雄　陈基灿
　　　　　　李明国　黄华江

编写人员

杨文献	刘志刚	周　杰	康舒颜	张粤生	兰建雄	谢春明
刘　彪	吴文灿	史礼宏	李　旭	程立航	焦兴华	梁淙明
覃荣华	彭　涛	旋新章	王　瑾	李圣辉	叶翠萍	郑泽海
林到本	胡　鹏	韦宗延	杨倩莹	吴永康	谢　承	

前　言

在党的二十大胜利召开后，国家对于安全生产工作提出了更为明确严格的目标，这不仅是中国式现代化建设对安全生产工作的全新要求，更是对广大人民群众生命财产安全高度负责的具体体现。《中华人民共和国安全生产法》也明确提出，生产经营单位要加强安全生产标准化、信息化建设，构建安全风险分级管控和隐患排查治理双重预防机制，健全风险防范化解机制，提高安全生产水平，确保安全生产。可见筑牢安全生产底线，防范各类安全生产事故发生，不断提升本质安全水平，加快推进安全生产治理体系和治理能力现代化，努力推进安全生产工作高质量发展，依然任重道远。

在现代化交通体系中，高速公路作为连接城乡、促进经济发展的重要基础设施，其安全稳定直接关系到国家的经济发展、社会的和谐稳定以及人民群众的生命财产安全。随着我国高速公路网络的不断扩展和完善，车辆通行量激增，对高速公路的安全性、可靠性和高效性提出了更高要求。建立健全适用于高速公路运营管理实际的安全风险管控和隐患排查治理体系，科学、准确防控安全风险和治理安全隐患，是保障高速公路运营安全的重要手段之一。

基于以上，我们立足高速公路运营安全管理实际，结合梳理、整合相关法律法规、标准规范，编制了《高速公路运营安全风险管控及隐患排查治理工作指南》（简称"本指南"）。本指南坚持"安全第一，预防为主，综合治理"的方针，以发挥全员安全生产责任制为基础，以行业相关法律法规、标准规范为准绳，全面、深入梳理了安全风险管控和隐患排查治理工作要点，旨在指导、规范高速公路运营安全管理行为，健全安全风险管控和隐患排查治理双重预防体系，为高速公路运营安全管理提供一本实用的指导手册。

本指南汇集了安全、养护、路政、收费、行政后勤等各业务板块管理人员的经验和智慧，内容覆盖了高速公路运营过程中结构物、生产经营场所、作业活动等风险辨识管控和隐患排查治理要点，涉及结构物稳定、养护作业、路政作业、消防、用电、燃气、自然灾害等多项管理要素，从编制的意义上看，本指南在一定程度上填补了行业空白。

本指南为初次编写，对于本指南未涵盖的高速公路运营相关内容，应当依据有关法律法规和行业标准执行。我们深知高速公路运营安全风险分级管控和隐患排查治理双重预防机制建设是一项长期而艰巨的任务，本指南的出台只是一个起点，而不是终点。我们将继续研究探索高速公路运营安全管理工作，以适应新的形势和要求。欢迎各同行单位及时函告在参考使用过程中发现的问题和意见，以便修订时参考。（地址：广州市天河区珠江东路 32 号利通广场 2403 室；邮编：510623）

目　录

1 总则 1
2 规范性引用文件 2
3 术语 3
4 基本原则 5
5 双重预防机制构建流程 6
　5.1 基本要求 6
　5.2 双重预防机制建设 6
6 风险辨识、评估与管控 9
　6.1 风险辨识 9
　6.2 风险评估 12
　6.3 风险管控 18
7 隐患排查与治理 22
　7.1 隐患排查 22
　7.2 隐患分级 26
　7.3 隐患治理 26
8 持续改进 29
　8.1 评审 29
　8.2 动态更新 29
　8.3 档案文件管理 29
9 资料与样例 31
附录 A 风险单元划分表 32
附录 B 风险辨识及评估清单 37
附录 C 运营高速公路风险管控工作清单 85
附录 D 运营高速公路隐患排查要点 86
附录 E 运营高速公路隐患排查治理台账 160
附录 F 运营高速公路消防设施配置表 161
参考文献 165

1 总则

（1）为严格落实"安全第一，预防为主，综合治理"的方针，在源头上防范化解重大安全风险，构建高速公路运营企业安全风险分级管控和隐患排查治理双重预防机制（以下简称双重预防机制），落实企业安全生产主体责任，防止和减少生产安全事故，保障高速公路运营安全，编制本指南。

（2）本指南适用于指导高速公路运营单位开展安全风险分级管控和隐患排查治理工作。

（3）本指南依据国家及行业相关安全生产法律法规、标准编制。

2 规范性引用文件

下列文件的内容通过文中的规范性引用而构成本文件必不可少的条款。其中，注日期的引用文件，仅该日期对应的版本适用于本文件；不注日期的引用文件，其最新版本（包括所有的修改单）适用于本文件。

GB/T 13861　生产过程危险和有害因素分类与代码
GB/T 23694　风险管理　术语
GB/T 24353　风险管理　指南
GB/T 27921　风险管理　风险评估技术
GB 6441　企业职工伤亡事故分类
GB 50016　建筑设计防火规范
GB 50140　建筑灭火器配置设计规范
GB 50974　消防给水及消火栓系统技术规范
GB 55037　建筑防火通用规范
JTG H12　公路隧道养护技术规范
JTG H30　公路养护安全作业规程
JTG D70/2　公路隧道设计规范　第二册　交通工程与附属设施
JTG 5120　公路桥涵养护规范
JTG 5150　公路路基养护技术规范

3 术语

3.1 高速公路运营单位 expressway operation unit
高速公路运营单位是指直接从事高速公路运营活动的生产经营单位。

3.2 风险 risk
不确定性对目标的影响。

注：1. 影响是偏离预期，通常指负面的。
2. 目标可以是不同方面（如：生命财产安全、环境保护、社会影响等）和层面（如：战略、组织范围、项目、产品和过程）的目标。

3.3 风险辨识 risk identification
通过对风险单元进行系统分解，辨识各风险部位潜在风险事故的过程。

3.4 风险评估 risk assessment
将风险辨识的结果按照风险评估标准进行评估，以确定风险和（或）其量的大小、级别，以及是否可接受或可容许。

3.5 风险等级 level of risk
单个风险或组合风险的大小，以后果和可能性的组合来表达。

3.6 风险管控 risk control
应对风险的措施。

注：管控包括应对风险的任何流程、策略、设施设备、操作或其他行动。

3.7 隐患 hidden danger
生产经营单位违反安全生产法律、法规、规章、标准、规程和安全生产管理制度等规定，或因其他因素在生产经营活动中存在的可能导致安全生产事故发生的人的不安全行为、物的不安全状态、场所的不安全因素和管理上的缺陷。

3.8 一般隐患 general hidden danger

一般隐患是指除重大隐患外，可能导致安全生产事故发生的隐患。

3.9 重大隐患 major hidden danger

重大隐患是指极易导致重特大安全生产事故，且整改难度较大，需要全部或者局部停产停业，并经过一定时间整改治理方能消除的隐患，或者因外部因素影响致使生产经营单位自身难以消除的隐患。

4 基本原则

（1）坚持风险管控原则。以风险管控为主线，把全面辨识评估风险和严格管控风险作为安全生产的第一道防线，切实解决"认不清、想不到"的突出问题。

（2）坚持系统性原则。从"人、机、管、环"四个方面，从风险管控和隐患治理两道防线，从企业安全生产全过程开展工作，努力把风险管控落在隐患之前、把隐患排查治理落在事故之前。

（3）坚持全员参与原则。将双重预防机制建设各项工作责任分解落实到企业的各层级领导、各业务部门和每个具体工作岗位，确保责任明确，全面提升安全生产管理水平。

（4）坚持持续改进原则。持续进行风险管控并更新完善，持续开展隐患排查治理，实现双重预防体系闭环管理，促使机制建设水平不断提升，确保安全风险分级管控和隐患排查治理常态化。

5 双重预防机制构建流程

构建双重预防机制，是遏制重特大事故的重要举措，坚持风险预控、关口前移，全面推行安全风险分级管控，进一步强化隐患排查治理，实现把风险控制在隐患形成之前、把隐患消灭在事故发生之前。

5.1 基本要求

（1）高速公路运营单位在现有安全生产组织机构基础上，结合自身实际成立双重预防机制建设领导小组（或工作组），并制定双重预防机制建设实施方案，做到责任层层分解、过程全员参与，确保双重预防机制建设各项工作落到实处。

（2）高速公路运营单位应当将双重预防机制建设与现行安全生产管理制度有效融合，完善现有安全生产管理制度，确定双重预防机制的实施要求，满足双重预防机制运行的需要，实现一体化管理。

（3）高速公路运营单位应对员工进行风险辨识、评估方法、隐患排查的培训，提高全体员工的风险意识和隐患排查治理能力，具备与岗位职责相适应的双重预防机制建设能力。

5.2 双重预防机制建设

安全风险分级管控是隐患排查治理的前提和基础，隐患排查治理是风险分级管控的强化与深入。通过风险分级管控，从源头上消除、降低或控制相关风险，进而降低事故发生的可能性和后果的严重性。通过隐患排查治理工作，查找风险管控措施的失效、缺陷或不足，同时，分析、验证各类危险有害因素辨识评估的完整性和准确性，进而完善风险分级管控措施。双重预防机制构建流程图如图5-1所示。

安全风险分级管控和隐患排查治理工作分为以下几个阶段：

1）风险辨识

高速公路运营单位应根据运营活动的范围，综合考虑不同业务范围风险事件发生的独立性，以及历史风险事件发生情况，研究确定一个或一个以上风险辨识范围。高速公路运营单位风险辨识范围通常可以划分为结构类、场所类、作业类或在这个分类的基础上进一步细分，如将结构类以不同路段类型、涵洞或不同部位作为一个风险单元，场所类以不同设施设备所在场所区域（单个个体）作为一个风险单元，作业类以不同作业类型作为一个风险单元，最后划分风险部位（详见附录A）。

参照GB 6441将运营高速公路出现的事故类别进行分类，针对不同风险单元，按照人、物、环境、管理四要素进行主要致险因素分析，再辨识每一类风险具体在结构类、场所类以及作业类中的分布及潜在风险事故的过程，形成风险辨识清单（详见附录B）。

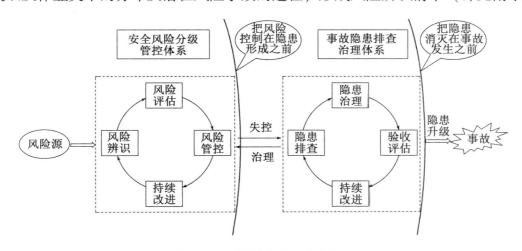

图5-1 双重预防机制构建流程图

2）风险评估

根据以往类似运营高速公路安全事故情况，结合运营高速公路环境条件、规模设施、结构特点以及运营路段每年定检结果情况等孕险环境与致险因子，采用《公路水路行业安全生产风险辨识评估管控基本规范（试行）》（交办安监〔2018〕135号）的指标体系风险评估法对结构类（路基路面段、桥梁、边坡、隧道）、场所类（办公区、生活区、收费站、服务区、养护工区、沿线隧道场所）风险单元进行风险评估；采用改进的作业条件危险性分析法对作业类（养护作业、路政作业、收费作业、机电作业、拯救作业）风险单元进行风险评估，确定各风险单元的风险等级，形成风险评估清单（详见附录B）。具体每一类（个）结构、场所或者作业由高速公路运营单位按照"风险最高原则"确定风险等级。

3）风险管控

根据风险评估结果，针对风险特点，从工程技术、管理、培训教育、个体防护、应急处置等方面制定各层级的风险管控措施，以此制定运营高速公路风险管控清单，形成运营高速公路风险管控工作清单（详见附录C），以实现把风险控制在隐患形成之前的目的。

4）隐患排查

若风险辨识不全或风险管控措施落实不到位等，导致隐患出现，需开展隐患排查，预防事故发生。结合现行标准、规范、指南、办法以及上述制定的风险辨识清单编制切实可行的运营高速公路隐患排查要点（详见附录D），使开展隐患排查工作有理可依、有据可循。

5）隐患治理

对发现或排查出的隐患问题应当按照交通运输行业相关要求确定隐患等级，对重大隐患和一般隐患进行分级治理，并根据隐患排除难易程度及影响程度进行排序，通过采取措施将隐患整改到位，实现把隐患消灭在事故发生之前。

对于一般隐患，应当按照责任分工立即或限期组织整改。对于发现或排查出的重大隐患，应当立即向高速公路运营单位负责人报告，并向属地负有安全生产监督管理职责的管理部门及时报备。严格按照治理措施落实整改，整改完成后严格验收，实现对事故隐患排查和治理过程的闭环管理。针对隐患排查、治理等过程建立完善的资料档案管理体系，最终形成运营高速公路隐患排查治理台账（详见附录E）。

6）验收评估

隐患治理完成后，应根据隐患级别组织相关人员对治理情况进行验收，实现闭环管理。重大隐患整改完成后，高速公路运营单位应委托第三方服务机构或成立隐患整改验收组进行专项验收。重大隐患整改验收通过的，高速公路运营单位应将验收结论向属地负有安全生产监督管理职责的交通运输管理部门报备，并申请销号。重大隐患整改验收完成后，高速公路运营单位应对隐患形成原因及整改工作进行分析评估，及时完善相关制度和措施，依据有关规定和制度对相关责任人进行处理，并开展有针对性的培训教育。

7）持续改进

高速公路运营单位应当对安全风险管控和隐患排查治理制度定期进行评审或者修订。

高速公路运营单位应当每年至少开展一次安全风险全面辨识评估工作，评估原有安全风险及其等级的变化情况，及时针对变化范围开展风险分析，更新风险信息，落实有效的风险管控措施。

高速公路运营单位应当定期开展隐患排查，如实记录隐患排查整治情况，并定期对隐患排查治理工作情况进行总结分析，确保隐患治理有效。

6 风险辨识、评估与管控

6.1 风险辨识

6.1.1 确定辨识范围

高速公路运营单位应根据运营活动范围，综合考虑不同风险事件发生的独立性，以及历史风险事件发生情况，研究确定一个或一个以上风险辨识范围。包括但不限于：

(1) 常规和非常规的作业活动；
(2) 事故及潜在的紧急情况；
(3) 所有进入作业场所的人员的活动，包括承包方和访问者；
(4) 作业场所的设施、设备、车辆、安全防护用品；
(5) 人为因素，包括作业行为、人员行为（违反安全操作规程和安全生产规章制度的行为）；
(6) 工作场所外风险因素；
(7) 工作场所内风险因素；
(8) 作业环境、气候、昼夜及其他自然灾害等；
(9) 工艺、设备、管理、人员等变更。

6.1.2 风险单元划分

按照安全风险管理"全覆盖"和"独立性"原则，根据业务范围、生产区域、管理单元、作业环节、流程工艺等进行风险单元划分。风险单元可参考以下类别划分，高速公路运营单位也可结合项目实际情况酌情调整风险单元。

1) 结构类

结构类主要包括路基路面段、桥梁、边坡、隧道等。其中，路基路面段以不同路段类型、涵洞作为一个风险单元，桥梁、边坡、隧道以不同部位作为一个风险单元。

(1) 路基路面段：常规路段、特殊路段、涵洞。其中，特殊路段主要分为小半径曲线路段、大纵坡路段、连续下坡路段、视距受限路段、雾区路段、瓶颈路段等。

(2) 桥梁：下部结构［桥墩桥台、墩台基础、帽（盖）梁、翼墙、耳墙、锥坡、护坡］、上部结构［上部承重构件（主梁、主拱圈、挂梁、斜拉桥主塔、斜拉索）、上部一般构件（湿接缝、横隔板）、支座、锚碇］、桥面系（桥面、桥头搭板、伸缩缝、排水系统）、交通安全设施及机电工程［门架、标志、标线、护栏、防抛（坠）网、声屏障、防撞设施、照明设施、检修设施、防雷设施]、周围环境（桥下空间、上跨油气管道、上跨高铁立交桥、下穿公路）。

（3）边坡：格梁类、预应力锚索类、挡墙类、圬工防护类（浆砌片石、挂网喷射混凝土等）、植被护坡、坡间平台、坡面排水设施、地下排水设施。

（4）隧道：洞口、洞门、衬砌（含横洞）、路面、检修道、紧急停车带、排水系统、吊顶及各种预埋件、内装饰、标志标线及轮廓标、竖井（斜井）风道。

2）场所类

场所类主要包括办公区及生活区、收费站、服务区、沿线隧道场所、养护工区等。其中，办公区及生活区、收费站、服务区、沿线隧道场所、养护工区以不同设施设备所在场所区域（单个个体）作为一个风险单元。

（1）办公区及生活区：消防设施设备、办公楼、宿舍楼、监控（客服）中心、临水临崖高落差区域、服务楼（餐厅、多功能室）、服务楼（厨房）、气瓶间、储油间、发电机房、配电房、水泵房、消防水池、生活用水水箱、充电设施区域、场区和停车区、仓库、污水处理设施。

（2）收费站：消防设施设备、收费站房、收费安全岛（车道）、围蔽隔离栅、收费广场顶棚、收费广场设施设备、绿化灌木、收费现场、发电机房、配电房、储油间。

（3）服务区：加油站、危险货物运输车辆临时停放区、办公楼、宿舍楼、食堂、餐饮区、超市、厨房、消防设施设备、储油间、发电机房、配电房、水泵房、气瓶间、汽修厂、充电设施区域、场区和停车场、仓库、污水处理设施、司机之家。

（4）沿线隧道场所：消防设施（包括高低位水池）、发电机房、配电房、储油间、水泵房、通信机房、竖井通风设备房、交通安全设施、交通工程及机电设施。

（5）养护工区：消防设施设备、办公楼、宿舍楼、食堂、厨房、发电机房、配电房、储油间、气瓶间、水泵房、仓库、停车场。

3）作业类

作业类主要包括养护作业、路政作业、收费作业、机电作业、拯救作业等。其中，养护作业、路政作业、收费作业、机电作业、拯救作业以不同作业类型作为一个风险单元。

（1）养护作业：无应急车道路段养护施工作业、无应急车道路段清理路障、夜间作业、养护巡查、养护作业控制区布设、养护作业控制区管理、养护作业控制区撤除。

（2）路政作业：路政巡查、处理一般事故车及故障车、无应急车道路段处理事故（故障车）、处理特殊事故、路产索赔案件处理、检查路面施工点、违法行为处理、无应急车道路段清理路障、劝离非机动车及行人等。

（3）收费作业：入口禁止违法超限超载货运车辆通行、亭内收费及发卡操作、特情处理、绿通查验、乘坐交通车、交通疏导（分流）、出入广场、亭外作业、亭内休息、广场清洁、劝离非机动车及行人等。

（4）机电作业：机电巡查、机电主线抢修和专项施工、设备检查维修、高低压作业、隧道消防水池作业、高空作业。

（5）拯救作业：拯救作业（路面巡查）、起重作业。

6.1.3 风险单元辨识

1）辨识依据

风险辨识应依据安全生产相关法律、法规、规章和标准，企业安全生产规章制度和操作规程，相关事故案例，相关管理体系的风险辨识结果，行业及企业安全生产的经验，特别是有效遏制事故隐患或事故发生的安全生产实践经验。

2）辨识类别

参照 GB 6441，将运营高速公路出现的事故类别进行分类，研究确定各风险单元可能发生的典型风险事件（潜在事故类型）。风险辨识应针对影响发生生产安全事故及其损失程度的致险因素进行，综合考虑历史风险事件发生情况，并依据 GB/T 13861，按照人、物、环境、管理四要素进行分析。致险因素一般包含以下方面：

（1）从业人员的安全意识、安全与应急技能、安全行为或状态，如负荷超限，健康状况异常，从事禁忌作业，心理异常，辨识功能缺陷，其他心理、生理性危险和有害因素，指挥错误，操作错误，监护失误，其他行为性危险和有害因素等。

（2）生产经营基础设施、运输工具、工作场所等设施设备的安全可靠性，如设备、设施、工具、附件缺陷，防护缺陷，电伤害，噪声，振动危害，电离辐射，非电离辐射，运动物伤害，明火，高温物质，低温物质，信号缺陷，标志缺陷，有害光照，信息系统缺陷，其他物理性危险和有害因素等。

（3）影响安全生产外部要素的可知性和应对措施，如室内作业场所环境不良，室外作业场所环境不良，地下（含水下）作业环境不良，其他作业环境不良等。

（4）安全生产的管理机构、工作机制及安全生产管理制度合规和完备性，如安全生产组织机构和人员配备不健全，安全生产责任制不完善，安全生产管理制度不完善，安全生产投入不足，应急管理缺陷，其他管理因素缺陷等。

3）辨识方法

（1）辨识风险源时要充分考虑人的行为、物的状态、作业环境、安全管理等 4 个方面的不安全因素。

（2）常用的风险辨识方法可采用头脑风暴法、工作危害分析法（JHA）、安全检查表法（SCL）、危险与可操作性分析（HAZOP）、事故树分析等。

（3）结构类、场所类的风险单元分析静态的过程，主要针对具体结构物、活动场所本身缺陷导致的物的不安全状态。作业类的风险单元分析动态的过程，包括人的不安全行为、物的不安全状态、环境不良因素和管理缺陷。

（4）有能力的企业可根据自身特点选择适用的方法进行风险辨识且可不限于以上推荐的方法。

4）全员辨识

企业在梳理划分风险单元的基础上，由风险单元所属单位（部门、班组）采用全员参与、自下而上的方式，组织一线员工辨识涉及本岗位作业流程或作业步骤中的致险因素和防范措施。

5）辨识结果

风险辨识的结果应列出风险清单（详见附录B），结构类、场所类、作业类风险清单内容包括风险单元、风险事件、致险因素、管控措施等。

6）持续辨识

高速公路运营单位应不定期组织开展或更新风险单元致险因素辨识，对新设备或首次作业的风险单元，需进行专项致险因素辨识，在落实防范管控措施后方可进行操作或作业。高速公路运营单位应每年至少开展一次全面风险辨识，全面、系统掌握本单位生产经营活动的安全生产风险。

6.2 风险评估

6.2.1 一般规定

（1）风险评估是根据致险因素可能发生的每种事故类型的可能性和后果严重程度确定风险大小和等级的过程。

（2）风险评估过程中应充分考虑现有安全风险管控措施的有效性。

6.2.2 风险分级

（1）根据风险危险程度，按照从高到低的原则，把风险划分为重大风险、较大风险、一般风险、较小风险四个等级，分别用"红、橙、黄、蓝"四种颜色表示。

（2）高速公路运营单位应根据确定的风险评估方法与风险判定准则，结合单位实际、管控措施落实情况、当地事故案例等情况进行风险评估，判定风险等级。

6.2.3 评估方法

常用的风险评估方法有作业条件危险性分析法、风险评估指标体系法、风险矩阵分析法、风险程度分析法等。根据高速公路运营的特点，结构类、场所类推荐使用《公路水路行业安全生产风险辨识评估管控基本规范（试行）》（交办安监〔2018〕135号）的指标体系风险评估法，作业类推荐使用改进的作业条件危险性分析法。

1）重大风险确定

对于重大风险的确定，一是可以采用上述风险评估方法进行评估得出；二是可以采用交通运输部制定的重大风险清单直接判定。

根据《交通运输部关于深化防范化解安全生产重大风险工作的意见》（交安监发〔2021〕2号），属于有下列情形之一的，可直接判定为重大风险：

（1）重型载货汽车通行流量较大的未经评估加固提升的独柱墩桥梁垮塌风险。主要致险情景：

①未联合有关部门对该类独柱墩桥梁开展治超工作；

②独柱墩桥梁为危桥或其所在桥跨存在严重病害。

（2）特长隧道（3000m以上）内发生火灾、爆炸风险。主要致险情景：

①隧道内违规通行危险化学品运输车辆；

②隧道内车辆违法违规行驶情况较多；

③未按规定配置和养护隧道交通工程及附属设施；

④危隧未及时处置；

⑤未制定专项应急预案，应急处置能力建设不足，未定期开展应急演练。

（3）临水临崖路段车辆坠落风险。主要致险情景：

①未按标准规范和指南设置护栏等交通安全设施；

②未按规定开展交通安全设施检查养护。

（4）连续长陡下坡高风险路段车辆翻车、连环碰撞风险。主要致险情景：

①交通流量大、重载车辆多、建设指标偏低；

②未按规定设置养护交通安全设施；

③未按要求实施提升公路连续长陡下坡路段安全通行能力专项行动；

④未根据实际需要实行交通管控。

（5）高速公路多车连环碰撞风险。主要致险情景：

出现团雾、结冰等易发生严重堵塞情况的高速公路出入口，特别是在节假日免收通行费期间，一旦车辆严重堵塞，发生车辆碰撞引发连锁反应，应急救助相对困难。

（6）公路跨高铁立交桥车辆坠落风险。主要致险情景：

公路跨高铁立交桥未按规定建设交通安全设施。

（7）流量较大的二级以上公路在通车情况下实施养护作业时车辆连环碰撞风险。主要致险情景：

①作业现场未做好防护隔离、警示告知和作业人员防护措施；

②相关作业队伍资质、专业性不符合要求，作业人员作业不规范；

③非作业车辆闯入作业区。

2）结构类、场所类风险评估法

结构类、场所类风险评估法采用《公路水路行业安全生产风险辨识评估管控基本规范（试行）》（交办安监〔2018〕135号）的指标体系风险评估法，风险等级主要由风险事件发生的可能性（L）、后果严重程度（C）决定。

（1）指标体系分级标准。

①可能性指标分级标准。

可能性统一划分为五个级别，分别是极高、高、中等、低、极低。可能性判断标准表见表6-1。

可能性判断标准表 表6-1

序号	可能性级别	发生的可能性	取值区间
1	极高	极易	(9, 10]
2	高	易	(6, 9]

续上表

序号	可能性级别	发生的可能性	取值区间
3	中等	可能	(3, 6]
4	低	不大可能	(1, 3]
5	极低	极不可能	(0, 1]

②后果严重程度分级标准。

后果严重程度统一划分为四个级别，分别是特别严重、严重、较严重、不严重。后果严重程度判断标准表见表6-2，后果严重程度等级取值表见表6-3。

后果严重程度判断标准表　　表6-2

后果严重程度	后果严重程度总体判断标准定义
特别严重	（1）人员伤亡：可能发生人员伤亡数量达到国务院《生产安全事故报告和调查处理条例》中特别重大事故伤亡标准； （2）经济损失：可能发生经济损失达到国务院《生产安全事故报告和调查处理条例》中特别重大事故经济损失标准； （3）环境污染：可能造成特别重大生态环境灾害或公共卫生事件； （4）社会影响：可能对国家或区域的社会、经济、外交、军事、政治等产生特别重大影响
严重	（1）人员伤亡：可能发生人员伤亡数量达到国务院《生产安全事故报告和调查处理条例》中重大事故伤亡标准； （2）经济损失：可能发生经济损失达到国务院《生产安全事故报告和调查处理条例》中重大事故经济损失标准； （3）环境污染：可能造成重大生态环境灾害或公共卫生事件； （4）社会影响：可能对国家或区域的社会、经济、外交、军事、政治等产生重大影响
较严重	（1）人员伤亡：可能发生人员伤亡数量达到国务院《生产安全事故报告和调查处理条例》中较大事故伤亡标准； （2）经济损失：可能发生经济损失达到国务院《生产安全事故报告和调查处理条例》中较大事故经济损失标准； （3）环境污染：可能造成较大生态环境灾害或公共卫生事件； （4）社会影响：可能对国家或区域的社会、经济、外交、军事、政治等产生较大影响
不严重	（1）人员伤亡：可能发生人员伤亡数量达到国务院《生产安全事故报告和调查处理条例》中一般事故伤亡标准； （2）经济损失：可能发生经济损失达到国务院《生产安全事故报告和调查处理条例》中一般事故经济损失标准； （3）环境污染：可能造成一般生态环境灾害或公共卫生事件； （4）社会影响：可能对国家或区域的社会、经济、外交、军事、政治等产生较小影响

注：表中同一等级的不同后果之间为"或"关系，即满足条件之一即可。

后果严重程度等级取值表　　　　　　　　　　　　　　　　　　　　表6-3

后果严重程度等级	后果严重程度取值
特别严重	10
严重	5
较严重	2
不严重	1

（2）指标体系确定方法。

①可能性指标确定方法。

针对不同风险单元，搜集运营单位近年来突发事件发生情况频次数据，并根据最新辨识到的主要致险因素，结合行业实践经验，进行风险事件发生可能性评价，并通过可能性判断标准，进行突发事件发生可能性评分。

对于潜在的风险事件（潜在事故）发生的可能性，应考虑利用相关历史数据来识别过去发生的突发事件，并据此推断出他们在未来发生的可能性；结合高速公路运营单位近三年的技术状况等级评定结果作为风险评估的考虑因素，以及第三方、相关单位或外来人员作业活动带来的风险因素；也可系统化和结构化地利用专家观点来定性做出判断。

②后果严重程度指标确定方法。

针对不同风险单元，分析风险事件发生后，可能造成的最大人员伤亡、经济损失、环境污染、社会影响，综合参考历史上类似事件后果损失，根据后果严重程度判断标准，进行后果严重程度指标评分。

对于潜在的风险事件（潜在事故）后果的严重性，应充分考虑风险事件可能造成的最大人员伤亡、经济损失，违反法律、法规造成的后果，给高速公路运营单位形象带来的影响，通过建模或实验研究推导确定，也可通过对行业内同类型事故的分析来确定。

③风险等级评估标准。

运营高速公路结构类、场所类安全生产风险等级（D）由高到低统一划分为四级：重大、较大、一般、较小。风险等级大小（D）由风险事件发生的可能性（L）、后果严重程度（C）两个指标决定。

$$D = L \times C$$

式中：D——风险值；

　　　L——风险事件发生的可能性；

　　　C——后果严重程度。

风险等级取值区间表见表6-4。

风险等级取值区间表　　　　　　　　　　　　　　　　　　　　　　表6-4

风险等级取值区间	风险等级
(55, 100]	重大
(20, 55]	较大
(5, 20]	一般
(0, 5]	较小

3）作业类风险评估法

作业类风险评估法采用改进的作业条件危险性分析法，风险等级主要由事故发生的可能性（L）、人员暴露于危险环境中的时间长短（E）、事故后果的严重程度（C）决定。

（1）量化分值标准。

①事故发生的可能性取值标准。

事故发生的可能性大小差别是很大的，在评价中将实际不可能发生的情况作为评分的参考点，规定其可能性分值为0.1；将完全出乎意料而不可预测，但有极小可能性发生的情况定为1，将完全可以预料到的情况定为10，并规定了其他各种情况的可能性分数值，见表6-5。

可能性取值标准表　　　　表6-5

分值	事故发生的可能性
10	完全可以预料
6	相当可能
3	可能，但不经常
1	可能性极小，完全出乎意料
0.5	很不可能，可以设想
0.2	极不可能
0.1	实际不可能

注：应结合交通系统内或本单位相关事故发生的频率或情况，经过充分讨论及酝酿后确定分值。

②人员暴露于危险环境中的时间长短的取值标准。

暴露于危险环境中的时间越长，受到伤害的可能性越大，即危险性越大。连续暴露于危险环境中的分数值为10，每年几次暴露于危险环境中的分数值为1，并以这两种情况作为参考点，规定了其他各种情况的分数值，见表6-6。

暴露于危险环境中的时间长短取值标准表　　　　表6-6

分值	暴露于危险环境中的时间长短
10	连续暴露
6	每天工作时间内暴露
3	每周一次，或偶然暴露
2	每月一次暴露
1	每年几次暴露
0.5	非常罕见的暴露

注：1. 岗位员工工作时间内基本不离开主要风险场所，属于"连续暴露"等级；
　　2. 岗位员工工作时间内不连续处于主要风险场所，属于"每天工作时间内暴露"等级。

③事故后果的严重程度的取值标准。

事故后果的分数值规定为 1~100。将需要救助的轻微伤害事故的分数值定为 1，造成 10 人以上死亡事故的分数值定为 100，并以它们作为参考点，规定了其他各种情况的分数值，见表 6-7。

事故后果的严重程度取值标准表　　　表 6-7

分值	事故后果的严重程度
100	10 人以上死亡
40	3 人以上 10 人以下死亡
15	3 人以下死亡
7	严重，重伤
3	重大，伤残
1	引人注目，需要救助（表面损失、轻微擦伤）

（2）风险等级评估标准。

改进的作业条件危险性分析法是在作业条件危险性分析方法的基础上对危险程度和风险等级进行了改进。原作业条件危险性分析方法的危险程度有五种（极其危险，不能继续作业；高度危险，要立即整改；显著危险，需要整改；一般危险，需要注意；稍有危险，可以接受），本指南根据《公路水路行业安全生产风险辨识评估管控基本规范（试行）》（交办安监〔2018〕135 号），将危险程度修改为风险等级，并统一为四个等级：稍有危险和一般危险合并为现评估方法的较小风险，显著危险改为现评估方法的一般风险，高度危险改为现评估方法的较大风险，极其危险改为现评估方法的重大风险。评估方法可用下式表示：

$$D = L \times E \times C$$

式中：D——作业条件危险性；

L——事故发生的可能性；

E——人员暴露于危险环境中的时间长短；

C——事故后果的严重程度。

风险等级取值区间见表 6-8。

风险等级取值区间表　　　表 6-8

风险等级取值区间	风险等级
≥320	重大风险
[160，320)	较大风险
[70，160)	一般风险
[0，70)	较小风险

6.2.4 评估结果

（1）根据上述方法进行风险评估，得出各风险单元的评估结果（详见附录B）。

（2）根据宏观管理需要，需要确定每一类（个）结构、场所或者作业的风险等级时，可能包含多个风险单元的风险评估结果，则每一类（个）结构、场所或者作业的风险等级按照"风险最高原则"确定风险等级。

（3）高速公路运营单位的风险等级，也按照"风险最高原则"确定风险等级。

6.3 风险管控

6.3.1 总体要求

（1）安全风险分级管控是隐患排查治理的前提和基础，通过强化安全风险分级管控，从源头上消除、降低或控制相关风险，进而降低事故发生的可能性和后果的严重性。

（2）各高速公路运营单位对本单位风险管控负主体责任。各高速公路运营单位应当根据风险评价结果，针对风险特点，从工程技术、管理、培训教育、个体防护、应急处置等方面制定各层级的风险管控措施，并明确各风险等级的管控责任部门、责任人员，对风险进行有效控制，并落实风险管控措施，保障必要的投入，将风险控制在可接受范围内。

（3）各高速公路运营单位根据风险辨识、评估结果，汇总编制运营高速公路风险管控工作清单（详见附录C），实现风险管控"一张表"。其中，较大及以上风险管控清单应另行汇总，并按照相关要求上报相关上级单位。

（4）各高速公路运营单位应加强对员工的培训教育，使其熟悉工作岗位和作业环境中存在的危险、有害因素，掌握、落实应采取的控制措施及应急处置措施。

（5）各高速公路运营单位应定期进行风险评估，并根据评估结果，修改完善各类工作流程、规章制度及管控措施等。

（6）遇到下列情形之一时，应及时重新进行风险评价：
①法律法规、标准规范发生变更，可能影响风险等级；
②作业条件、生产工艺流程或关键设备设施发生变化；
③外部环境发生重大变化；
④本单位发生安全事故或相关行业领域发生重特大安全事故；
⑤组织机构发生重大调整；
⑥其他可能影响风险状况的情况。

（7）运营高速公路应根据风险评估结果，针对风险级别的不同，进一步完善管理程序和操作规程，对风险等级达到较大及以上级别的结构物、工作场所或作业行为，必须进一步优化管理流程，增设安全防护设施，加大安全监管力度，不断完善风险防范和管控措施。具体风险管控处置要求和管控级别见表6-9。

风险分级管控处置表 表 6-9

风险等级	处置要求	管理级别
重大	（1）立即采取整改措施，只有当风险已经降低后，才能恢复正常通行或开始工作。 （2）应采取一整套的措施降低风险：采取优化工程设计方案或设计阶段的施工指导方案，高度重视项目的后续组织实施，加大安全管理力量和资金投入，强化安全资源配置选择有经验及自控能力强的养护施工单位，增加工程保险投保等措施	运营路段及上级主管单位
较大	应采取措施降低风险：采取加大安全管理力量投入、强化安全资源配置、选择有经验及自控能力强的养护施工单位、增加工程保险投保等措施	
一般	需采取风险防控措施：加强安全管理力量，严格日常安全生产管理工作	运营路段相关业务部门
较小	维持日常安全生产管理工作，不需采取附加的风险防控措施	

注：风险越高，管控级别越高。上级管控的风险，下级各层级必须同时负责管控，并逐级落实管控措施。

6.3.2 总体风险管控

（1）高速公路运营单位应依据风险的等级、性质等因素，科学制定管控措施。

（2）高速公路运营单位应建立风险动态监控机制，按要求进行监测、评估、预警，及时掌握风险的状态和变化趋势。

（3）高速公路运营单位应严格落实风险管控措施，保障必要的投入，将风险控制在可接受范围内。

（4）高速公路运营单位应当将风险基本情况、应急措施等信息通过安全手册、公告提醒、标识牌、讲解宣传等方式告知本单位从业人员和进入风险工作区域的外来人员，指导、督促其做好安全防范。

（5）高速公路运营单位应针对本单位风险可能导致的生产安全事故，制定或完善应急措施。

（6）当风险的致险因素超出管控范围，达到预警条件的，高速公路运营单位应及时发出预警信息，并立即采取针对性管控措施，防范生产安全事故发生。发生生产安全事故的，应按有关规定，及时有效处置。

（7）高速公路运营单位应对管理范围内风险辨识、评估、登记、管控、应急等情况进行年度总结和分析，针对存在的问题提出改进措施。

（8）高速公路运营单位应如实记录风险辨识、评估、监测、管控等工作，并规范管理档案。重大风险应单独建立清单和专项档案。

（9）高速公路运营单位应加大安全投入，积极开展风险辨识、评估、管控相关技术研究和应用，提升风险管控能力。

6.3.3 重大风险管控

（1）重大风险清单化精准管控。

①摸清风险底数。对照重大风险清单，结合《公路水路行业安全生产风险辨识评估管控基本规范（试行）》（交办安监〔2018〕135号），精准摸清重大风险的全要素信息，建立重大风险专项档案，准确记录重大风险地理位置、危险特性、影响范围以及可能发生的事故及后果等基础数据和信息，做到重大风险底数清。

②建立"五个清单"。因地制宜逐级摸排评估，进一步深化细化实化重大风险清单及管控措施，准确掌握重大风险所在部位和具体单位，加快建立各级重大风险基础信息清单、责任分工清单、防控措施清单、监测监控清单和应急处置清单等五个清单。

③实施动态监管。切实加强和规范重大风险信息报送，动态跟踪掌握重大风险五个清单信息，按季度逐项梳理重大风险中涉及本单位的风险及变化情况，每季度最后一个工作日将所涉及的各项重大风险中风险程度较高的重大风险点信息，按规定向属地负有安全生产监督管理职责的交通运输管理部门报备，同步报备相关上级单位。重大风险报备主要内容包括基本信息、管控信息、预警信息和事故信息等，报备信息应当及时、准确、真实。

④加强跟踪管控。实时掌握重大风险安全状态，结合重大风险动态监测信息，做好应急准备，完善应急措施，一旦发生风险事件，及时妥善处置，做到措施严实、可防可控。

⑤实施"图斑化"管理。根据风险的严重程度，将本单位重大风险点的重要信息纳入月度调度信息内容，建立安全生产风险"一图（风险分布图）、一册（"五个清单"成册）、一表（风险点信息一览表）"，推进安全生产风险可视化、精准化、动态化管理。

（2）重大风险应单独编制专项管控方案和专项应急措施，并按照《生产安全事故应急预案管理办法》的规定做好应急预案的制定及演练工作。

（3）重大风险确定后按年度组织专业技术人员对风险管控措施进行评估改进，年度评估报告应在次年1个月内向属地负有安全生产监督管理职责的交通运输管理部门报送，并同步报备相关上级单位。

（4）高速公路运营单位应对进入重大风险影响区域的本单位从业人员组织开展安全防范、应急逃生避险和应急处置等相关培训和演练。

（5）高速公路运营单位应当在重大风险所在场所设置明显的安全警示标志，标明重大风险危险特性、可能发生的事件后果、安全防范和应急措施。

（6）高速公路运营单位应当将重大风险的名称、位置、危险特性、影响范围、可能发生的生产安全事故及后果、管控措施和安全防范与应急措施告知直接影响范围内的相关单位或人员。

（7）高速公路运营单位发现重大风险的致险因素超出管控范围，或出现新的致险因素，导致发生生产安全事故概率显著增加或预估后果加重时，应在5个工作日内动态填报相关异常信息。

（8）重大风险经评估确定等级降低或解除的，高速公路运营单位应于 5 个工作日内通过公路水路行业安全生产风险管理系统予以销号。

（9）重大风险管控失效发生生产安全事故的，应急处置和调查处理结束后，应在 15 个工作日内对相关工作进行评估总结，明确改进措施，评估总结应向属地负有安全生产监督管理职责的交通运输管理部门报送。

7 隐患排查与治理

7.1 隐患排查

7.1.1 制定排查计划

高速公路运营单位应在风险辨识评估、分级管控的基础上开展隐患排查工作,每年年初应制定年度隐患排查工作计划,明确隐患排查的内容、方式、频次和任务分工等。

7.1.2 确定排查重点及部位

高速公路运营单位隐患排查主要包括但不限于以下几个方面:

(1) 公路运营领域重大事故隐患判定标准。

(2) 内业资料,主要包括:安全制度、安全组织机构、安全生产责任制、风险管控与隐患治理、安全培训教育、安全费用管理、安全生产检查、应急管理、事故管理。

(3) 结构类,主要包括:路基路面段、桥梁、边坡、隧道等。

①路基路面段:路面、横向排水槽、路肩、急流槽、路基、沿线设施、涵洞等。

②桥梁:下部结构[桥墩、桥台、墩台基础、帽(盖)梁、翼墙、耳墙、锥坡、护坡]、上部结构(主塔结构、拉索及附属构件、锚碇、排水设施、主梁、主拱圈、上部承重构件、支座)、桥面系(桥面、桥头搭板、排水设施、伸缩缝)、交通安全设施及机电工程(防抛网、声屏障、防坠网、龙门架、标志、标线、护栏、防撞设施、照明设施、检修设施、防雷设施、监测系统)、其他(应急水池、检修道、检查桁车、桥头引道、桥头岸坡防护)、周围环境(上跨油气管道、上跨高铁立交桥、河道)以及地质灾害等。

③边坡:内业资料(路堑边坡、路堤边坡)、格梁类防护结构、锚索类防护结构、挡墙类防护结构、圬工类防护结构、植被护坡、检查通道、排水设施、坡体(坡面、坡体上方、坡脚)、重点路堤边坡(排水系统、坡面防护工程、路面、强支护工程)以及杂物等。

④隧道:洞口、洞门、衬砌(含横洞)、路面、检修道、紧急停车带、排水系统、吊顶及各种预埋件、内装饰、标志标线及轮廓标、竖井(斜井)风道等。

(4) 场所类,主要包括:办公及生活区、收费站、服务区、沿线隧道场所、养护工区等。

①办公及生活区:一般要求,消防设施设备(消火栓、灭火器和自救呼吸器、火

灾报警器、消防应急照明灯具、疏散通道、消防水池），办公楼（消火栓系统、消火栓箱、消防应急照明灯具、灭火器和自救呼吸器、档案室、监控大厅、数据机房、办公室、排烟设施、紧急疏散标志），宿舍楼（消火栓系统、消火栓箱、消防应急照明灯具、灭火器和自救呼吸器、紧急疏散标志、宿舍房间、消防水泵接合器），服务楼（餐厅、多功能室、生活区）（灭火器和自救呼吸器、消防应急照明灯具、文体设施），服务楼（厨房）（系统、灭火器和自救呼吸器、消火栓箱、消防应急照明灯具、卫生、管路、灶台、线路、其他），气瓶间（系统、储量、灭火器和自救呼吸器、钢瓶、其他），储油间（灭火器和自救呼吸器、储油量、门窗），发电机房（消防系统、灭火器和自救呼吸器、发电机、消防应急照明灯具、出入口、绝缘垫、警戒标识、疏散通道、自带储油仓），配电房（消防系统、灭火器和自救呼吸器、绝缘垫、警戒标识、出入口、消防应急照明灯具、高低压柜、室外警告标志、室内工具箱），消防水池、生活用水水箱和水泵房（灭火器和自救呼吸器、消防应急照明灯具、水泵和控制柜、疏散通道、消防水池、警戒标识、出入口、其他等），场区和停车区（消火栓、灭火器和自救呼吸器），充电设施区域（消火栓、灭火器和自救呼吸器、配电系统、停车标志标识、雨棚、视频安防监控系统、充电桩外观等），自动体外除颤器设备（AED）；仓库（灭火器和自救呼吸器、消防应急照明灯具、物资），污水处理设施（通风装置、救援装置、制度、气体检测装置）。

②收费站：一般要求、消防设施设备［消火栓（箱）、灭火器和自救呼吸器、消防应急照明灯具、疏散通道、消防水池］、收费站房（灭火器和自救呼吸器、安全出口、消防应急照明灯具、办公室）、收费车道（灭火器和自救呼吸器、消防应急照明灯具、交通安全设施、绿优通道、反光贴膜、电气设备、照明设施设备、固定设施设备、地面、排水设施）、发电机房（消防系统、灭火器和自救呼吸器、发电机、警戒标识、出入口、绝缘垫、消防应急照明灯具、疏散通道、自带储油仓、其他）、配电房（消防系统、灭火器和自救呼吸器、高低压柜、警戒标识、出入口、绝缘垫、室内、室外、消防应急照明灯具、疏散通道等、其他）；储油间（灭火器和自救呼吸器、储油量、门窗）。

③服务区：一般要求，加油站（灭火器和自救呼吸器、消火栓、火灾报警器、消防应急照明灯具、站房门、疏散通道、储油区沙池、储油区室外电气设备），加油站宿办楼（系统、消火栓箱、消防应急照明灯具、排烟设施、灭火器和自救呼吸器、商家厨房卫生、商家厨房灶台、商家厨房线路、物业宿舍、商家厨房其他），危险货物运输车辆临时停放区（消火栓、消防沙池、微型消防站、室外电缆、其他等），办公楼、宿舍楼（系统、灭火器和自救呼吸器、消火栓、消防应急照明灯具、紧急疏散标志、消防水泵接合器、物业房间、物业厨房卫生、物业厨房线路、物业厨房灶台、物业厨房其他、排烟设施），服务楼（系统、消火栓箱、消防应急照明灯具、灭火器和自救呼吸器、商铺、商家厨房线路、商家厨房卫生、商家厨房灶台、排烟设施、商家厨房其他、AED 等），储油间（灭火器和自救呼吸器、储油量、门窗），发电机房（消防系统、灭火器和自救呼吸器、发电机、自带储油仓、警戒标识、出入口、绝缘垫、消防应急照明

灯具、疏散通道），配电房（消防系统、灭火器和自救呼吸器、警戒标识、出入口、绝缘垫、室外警告标志、室内工具箱、消防应急照明灯具、高低压柜、疏散通道等），消防水池、生活用水水箱和水泵房（灭火器和自救呼吸器、水泵和控制柜、消防应急照明灯具、疏散通道、消防水池、警戒标识、出入口、其他等），汽修厂（制度、消火栓、灭火器和自救呼吸器、厂区设置、机械设备、消防应急照明灯具、紧急疏散标志、电气设备、疏散通道），充电设施区域（总体、消火栓、灭火器和自救呼吸器、配电系统、停车标志标识、箱变、充电桩外观、高低压配电设备等），场区和停车区（消火栓、灭火器和自救呼吸器其他），仓库（灭火器和自救呼吸器、消防应急照明灯具、物资），污水处理设施（通风装置、救援装置、制度、气体检测装置），司机之家（消防应急照明灯具、灭火器和自救呼吸器、火灾报警器、线路）。

④沿线隧道场所：消防设施（灭火器、消火栓、水成膜泡沫消火栓箱、自救呼吸器、消防水池、疏散灯、火灾探测报警设施）、发电机房（消防系统、灭火器和自救呼吸器、消防应急照明灯具、发电机、警戒标识、出入口、绝缘垫、自带储油仓、疏散通道）、配电房（消防系统、灭火器和自救呼吸器、警戒标识、出入口、绝缘垫、消防应急照明灯具、高低压柜、疏散通道、室外警告标志、室内工具箱等）、储油间（灭火器和自救呼吸器、门窗、储油量）、水泵房（灭火器和自救呼吸器、消防应急照明灯具、疏散通道、水泵和控制柜、消防水池、其他等）、通信机房（消防系统、灭火器和自救呼吸器、消防应急照明灯具）、竖井通风设备房（风机）、交通安全设施（交通锥、疏散指示标志、人行横洞、车行横洞）、交通工程及机电设施（交通监测设施、交通控制及诱导设施、紧急呼叫设施、通风设施、照明设施、紧急停车带、供配电设施、接地与防雷等）、其他工程（洞外联络通道、洞口限高门架）。

⑤养护工区：一般要求，消防设施设备［消火栓（箱）、灭火器和自救呼吸器、消防应急照明灯具、疏散通道、防雷检测］，办公楼、宿舍楼［消火栓（箱）、消防应急照明灯具、灭火器和自救呼吸器、紧急疏散标志、办公室、宿舍、排烟设施］，厨房和餐厅［系统、消火栓（箱）、灭火器和自救呼吸器、消防应急照明灯具、厨房卫生、厨房灶台、厨房线路、气源、气瓶供应商资质、日常管理制度等］，发电机房（消防系统、灭火器和自救呼吸器、发电机、警戒标识、出入口、绝缘垫、消防应急照明灯具、疏散通道、自带储油仓），配电房（消防系统、灭火器和自救呼吸器、消防应急照明灯具、警戒标识、出入口、绝缘垫、室外警告标志、室内工具箱、高低压柜、疏散通道），储油间（灭火器和自救呼吸器、储油量、门窗），水泵房（灭火器和自救呼吸器、水泵和控制柜、疏散通道、消防应急照明灯具、消防水池、其他等），仓库（灭火器和自救呼吸器、电气设备、物资），停车场（消火栓、灭火器、车辆停放、车辆检查）。

（5）作业类，主要包括：养护作业、路政作业、收费作业、机电作业、拯救作业等。

①养护作业：日常管理，日常巡查，作业前（养护作业车辆管理、公路养护安全设施、人员、养护区作业控制区布设），作业中（养护作业控制区管理），作业后（养

护作业控制区撤除），电力作业，登高作业。

②路政作业：上路巡查前，路政巡查，交通事故处理，劝离行人、自行车、摩托车等，巡查结束后。

③收费作业：作业前（收费和路管人员、稽查人员）、作业中［收费人员、稽查人员、不停车电子收费系统（ETC）故障疏导、绿通查验、收费纠纷处理、节假日免费放行等］。

④机电作业：作业前（技术交底、信息上报、人员检查、设备检查、隧道作业、场外维护作业）、作业中（通用项检查、隧道作业、场外维护作业、路段光电缆维护作业、高处作业、收费车道作业、坑道作业、隧道消防水池作业、配电房作业）、作业后。

⑤拯救作业：作业前（技术交底、车况检查、救援工具检查、行动报备）、作业中（通用项目检查，隧道事故救援，弯道事故救援，危险化学品、易燃易爆品车辆事故、火灾事故救援，夜间或雨、雾天气救援，起重作业）、作业后（撤离现场）。

7.1.3 隐患排查方式及要求

1) 日常隐患排查

日常隐患排查是指岗位员工每日进行作业活动的作业前、作业中、作业后的隐患排查。部门负责人每月对本部门职责范围内结构物、作业活动、设备设施、区域、场所安全风险管控措施落实情况的排查。各部门要结合不同的日常工作性质、岗位特点合理确定排查频次。

2) 专项隐患排查

专项隐患排查根据季节性、节假日前、专项行动等特点组织开展，也可以结合属地政府部门、行业主管部门、上级单位要求开展。高速公路运营单位或同类单位发生生产安全事故时，应及时开展针对性的专项隐患排查。

3) 综合隐患排查

综合隐患排查由公司层级组织开展，相关职能部门人员参与，针对高速公路运营单位业务范围内的结构物、作业活动、设备设施、场所、区域进行的全面检查，并结合安全生产责任制、规章制度、教育培训和操作规程等建立与落实情况为重点，每季度至少开展一次。

4) 专业隐患排查

专业隐患排查是由高速公路运营单位针对某项工作组织开展，可委托安全生产专业技术服务机构或专家开展隐患排查，如一些专业性、技术性较强领域的排查。宜每年开展一次专业诊断性隐患排查。

5) 排查要求

高速公路运营单位应结合本单位生产经营活动实际，选择适宜的隐患排查方式开展隐患排查。

7.2 隐患分级

7.2.1 基本要求

应综合风险等级、风险管控效果、隐患治理难度、治理时间、可能导致事故后果的严重程度和影响范围等因素，确定排查出的事故隐患。事故隐患分为重大隐患和一般隐患两个等级。

7.2.2 重大隐患

重大隐患是指极易导致重特大安全生产事故，且整改难度较大，需要全部或者局部停产停业，并经过一定时间整改治理方能排除的隐患，或者因外部因素影响致使高速公路运营单位自身难以排除的隐患。以下情形可判定为重大隐患：

（1）涉及《公路运营领域重大事故隐患判定标准》等相关内容；
（2）（市、区）县及以上负有安全生产监督管理职责部门挂牌督办或认定的其他隐患。

7.2.3 一般隐患

一般隐患是指除重大隐患外，可能导致安全生产事故发生的隐患。包括但不限于以下情形：

（1）发现后能立即整改排除的隐患；
（2）较大风险及重大风险管理措施及应急措施失效、缺失的情况；
（3）较小风险及一般风险管控措施失效、缺失的情况。

7.3 隐患治理

高速公路运营单位应指定专门机构负责本单位安全生产隐患治理工作，定期检查本单位的安全生产状况，及时组织排查隐患，并提出改进安全生产管理的建议。

高速公路运营单位对发现或排查出的隐患，应当按照隐患分级判定指南，确定隐患等级，形成运营高速公路隐患排查治理台账。运营单位应对排查出的隐患立即组织整改，隐患整改情况应当依法如实记录，并向从业人员通报。

对安全检查发现的隐患和问题进行整治，能立即整改的立即消除；不能立即整改的要明确整改责任主体、整改要求、整改期限，限期完成整改。对于排查出的隐患，高速公路运营单位应当保障隐患治理投入，做到责任、措施、资金、时限、预案"五到位"。

7.3.1 一般隐患治理

对于一般隐患，应当按照责任分工立即或限期组织整改。一般隐患整改完成后，应由高速公路运营单位组织验收，出具整改验收结论，并由验收主要负责人签字确认。高速公路运营单位在隐患整改过程中，应当采取相应的安全防范措施，防范发生生产安全事故。

一般隐患主要由高速公路运营单位各相关业务部门进行管理。

7.3.2 重大隐患治理

对于重大隐患，应当制定重大隐患治理专项方案，方案包括但不限于下列内容：
（1）整改的目标和任务；
（2）整改技术方案和整改期的安全保障措施；
（3）经费和物资保障措施；
（4）整改责任部门和人员；
（5）整改时限及节点要求；
（6）应急处置措施；
（7）跟踪督办及验收部门和人员。

高速公路运营单位成立的隐患整改验收组成员应包括高速公路运营单位负责人、安全管理部门负责人、相关业务部门负责人和2名以上相关专业领域具有一定从业经历的专业技术人员。整改验收应根据隐患暴露出的问题，全面评估，出具整改验收结论，并由验收组组长签字确认。

重大隐患主要由高速公路运营单位进行管理，检查频次为本单位主要负责人每季度带队对本单位重大隐患排查整治情况至少开展1次检查，可视情况增加频次。

7.3.3 实施隐患治理

（1）重大隐患治理的牵头负责人或责任部门应严格按照治理方案实施治理。
（2）涉及需要第三方参与治理的隐患，高速公路运营单位应按相关方管理规定进行审查与选取，并加强治理过程中的监督检查。
（3）隐患治理中涉及危险作业的，生产经营单位应按危险作业的相关规定实施作业环节的管理。
（4）治理过程中无法保证安全的，应撤出危险区域内作业人员，疏散可能危及的人员，设置警戒标识，暂时停产停业或停止使用相关设备设施。
（5）重大隐患排查治理过程中应当如实记录事故隐患排查治理全过程管理情况，实行隐患排查、登记、治理、核查、销号闭环管理，形成重大隐患清单，重大隐患必须"一隐患一档案"，采集相关治理信息，确保隐患整改全过程留痕。重大隐患治理同时按照《中华人民共和国安全生产法》的相关法规执行。

7.3.4 治理效果验收

（1）一般隐患整改完成后，应由高速公路运营单位组织验收，出具整改验收结论，并由验收主要负责人签字确认。
（2）重大隐患整改应制定专项方案，整改完成后，高速公路运营单位应委托第三方服务机构或成立隐患整改验收组进行专项验收。

（3）对于重大隐患治理验收，必要时可邀请专家对治理情况进行评估，出具评估报告或意见。

（4）对未达到治理要求的隐患或剩余风险仍不可接受的，应当重新治理，调整风险控制措施或增加治理措施。

（5）参与治理效果验收的人员应客观、公正地实施验收及效果评估，并对验收事项进行确认签字。

8 持续改进

8.1 评审

（1）高速公路运营单位应当每年至少开展一次安全风险全面辨识评估工作，评估原有安全风险及其等级的变化情况，验证各项风险防范措施的适应性、充分性和有效性，针对变化情况，结合本单位管理现状，提出进一步改进措施，及时调整风险等级，修改并重新发布安全风险管控清单。必要时可委托第三方服务机构进行评估或成立评估组进行评估，实现风险管控的关口前移，从源头上防范化解重大风险。

（2）高速公路运营单位应当每年至少一次对安全风险管控和隐患排查治理制度等档案文件进行评审或者修订。

（3）高速公路运营单位应当定期开展隐患排查，如实记录隐患排查整治情况，并定期对隐患排查治理工作情况进行总结分析，找准问题与不足，完善风险管控措施，实现隐患排查的关口前移，从根本上消除事故隐患。

8.2 动态更新

高速公路运营单位根据有关标准要求对风险管控的影响，建立安全生产风险分级防控的常态化机制，及时针对变化范围开展风险分析，更新风险信息。重大变化包括但不限于以下几种情况：

（1）法规、标准等增减、修订所引起风险程度的改变；

（2）发生事故后，有对事故、事件或其他信息的新认识，对相关致险因素的再评价；

（3）组织机构发生重大调整；

（4）风险程度变化后，需要对风险控制措施的调整；

（5）根据非常规作业活动，新增功能性区域、装置或设施以及其他变更情况等适时开展致险因素辨识和风险评价。

8.3 档案文件管理

（1）高速公路运营单位应完整保存风险分级管控和隐患排查治理实施过程中的各

项文件、记录、资料，分类建档管理，档案保存按照有关规定执行。

（2）安全风险分级管控体系建设档案文件应包括但不限于以下内容：

①安全风险分级管控和隐患排查治理组织机构成立文件；

②风险分级管控制度；

③教育培训记录；

④风险辨识与评估过程记录；

⑤风险分级管控信息台账、风险监测和预警记录、风险警示和告知记录；

⑥重大风险清单、重大风险管控方案、重大风险动态监控记录；

⑦应急预案、应急物资清单、应急演练记录、风险事件处置记录。

（3）隐患排查治理体系建设档案文件应包括或不限于以下内容：

①隐患排查治理制度文件；

②隐患排查治理培训记录；

③隐患排查记录；

④隐患排查治理台账及治理环节资料；

⑤隐患治理方案或措施；

⑥重大事故隐患治理方案评估资料；

⑦重大事故隐患验收申请资料及治理效果验收资料；

⑧负有安全监管职责的管理部门出具的限期整改指令及执法文书。

9 资料与样例

各类应用性文件，包括风险单元划分表、风险辨识及评估清单、运营高速公路风险管控工作清单、运营高速公路隐患排查要点、运营高速公路隐患排查治理台账、运营高速公路消防设施配置表等。

附录 A 风险单元划分表

表 A-1 结构类风险单元划分

序号	结构类型		风险单元
1	路基路面段		常规路段
2			特殊路段*
3			涵洞
4	桥梁	下部结构	桥墩、桥台
5			墩台基础
6			帽（盖）梁
7			翼墙、耳墙
8			锥坡、护坡
9		上部结构	上部承重构件（主梁、主拱圈、挂梁、斜拉桥主塔、斜拉索）
10			上部一般构件（湿接缝、横隔板）
11			支座
12			锚碇
13		桥面系	桥面
14			桥头搭板
15			伸缩缝
16			排水系统
17		交通安全设施及机电工程	门架
18			标志、标线
19			护栏
20			防抛（坠）网、声屏障
21			防撞设施
22			照明设施
23			检修设施
24			防雷设施
25		周围环境	桥下空间
26			上跨油气管道
27			上跨高铁立交桥
28			下穿公路

续上表

序号	结构类型	风险单元
29	边坡	格梁类
30		预应力锚索类
31		挡墙类
32		圬工防护类（浆砌片石、挂网喷射混凝土等）
33		植被护坡
34		坡间平台
35		坡面排水设施
36		地下排水设施
37	隧道	洞口、洞门
38		衬砌（含横洞）
39		路面
40		检修道
41		紧急停车带
42		排水系统
43		吊顶及各种预埋件
44		内装饰
45		标志标线及轮廓标
46		竖井（斜井）风道

注：*表示特殊路段主要分为小半径曲线路段、大纵坡路段、连续下坡路段、视距受限路段、雾区路段、瓶颈路段等。

表 A-2 场所类风险单元划分

序号	场所类型	风险单元
1	办公区及生活区	消防设施设备
2		办公楼、宿舍楼
3		监控（客服）中心
4		临水临崖高落差区域
5		服务楼（餐厅、多功能室）
6		服务楼（厨房）
7		气瓶间
8		储油间
9		发电机房
10		配电房
11		水泵房
12		消防水池、生活用水水箱
13		充电设施区域

续上表

序号	场所类型	风险单元
14	办公区及生活区	场区和停车区
15		仓库
16		污水处理设施
17	收费站	消防设施设备
18		收费站房
19		收费安全岛、车道
20		围蔽隔离栅
21		收费广场顶棚
22		收费广场设施设备
23		绿化灌木
24		收费现场
25		发电机房
26		配电房
27		储油间
28	服务区	加油站
29		危险货物运输车辆临时停放区
30		办公楼、宿舍楼
31		食堂、餐饮区
32		超市
33		厨房
34		消防设施设备
35		储油间
36		发电机房
37		配电房
38		水泵房
39		气瓶间
40		汽修厂
41		充电设施区域
42		场区和停车区
43		仓库
44		污水处理设施
45		司机之家
46	沿线隧道场所	消防设施（包括高低位水池）
47		发电机房
48		配电房

续上表

序号	场所类型	风险单元
49	沿线隧道场所	储油间
50		水泵房
51		通信机房
52		竖井通风设备房
53		交通安全设施
54		交通工程及机电设施
55	养护工区	消防设施设备
56		办公楼、宿舍楼
57		食堂
58		厨房
59		发电机房
60		配电房
61		储油间
62		气瓶间
63		水泵房
64		仓库
65		停车场

表 A-3 作业类风险单元划分

序号	作业类型	风险单元
1	养护作业	无应急车道路段养护施工作业
2		无应急车道路段清理路障
3		夜间作业
4		养护巡查
5		养护作业控制区布设
6		养护作业控制区管理
7		养护作业控制区撤除
8	路政作业	路政巡查
9		处理一般事故车及故障车
10		无应急车道路段处理事故、故障车
11		处理特殊事故
12		路产索赔案件处理
13		检查路面施工点
14		违法行为处理
15		无应急车道路段清理路障
16		劝离非机动车、行人等

续上表

序号	作业类型	风险单元
17	收费作业	入口禁止违法超限超载货运车辆通行
18		亭内收费及发卡操作
19		特情处理
20		绿通查验
21		乘坐交通车
22		交通疏导（分流）
23		出入广场
24		亭外作业
25		亭内休息
26		广场清洁
27		劝离非机动车、行人等
28	机电作业	机电巡查
29		机电主线抢修和专项施工
30		设备检查维修
31		高低压作业
32		隧道消防水池作业
33		高空作业
34	拯救作业	拯救作业、路面巡查
35		起重作业

附录 B 风险辨识及评估清单

表 B-1 路基路面段风险辨识及评估

序号	风险单元	风险事件	致险因素	管控措施				风险评估*（示例）		
				工程技术措施	管理措施	培训教育措施	个体防护措施	应急处置措施	可能性 L	严重性 C	风险值 D	风险等级
1	特殊路段	坍塌	1. 路基构造物出现不同程度的断裂、沉陷、松动、脱落、较大面积勾缝脱落、开裂等损坏导致坍塌。 2. 声屏障长时间未维护、腐蚀、生锈、构件松动等导致坍塌。 3. 持续强降雨导致路面坍塌方（恶劣天气）。 4. 龙门架与护栏结构的连接不稳定。 5. 雷电暴雨天气导致龙门架倒塌	1. 加强日常养护及专项修复，发现病害及时处治，保持良好稳定的技术状况。 2. 积极引进新技术、新仪器，利用现代化科学技术手段开展检查工作	1. 加强日常巡查，规范设置标志、标牌、标线等交通安全设施，规范路面行车的驾驶行为。 2. 定期开展专项检查活动，加强对路基结构物的巡查。 3. 做好高填方路基段的路基边坡排水设施检查，保证排水设施无损坏，保证排水畅通。 4. 加强重载车辆、危险化学品运输车辆的管理	1. 加强管养人员安全教育和培训，借助提醒过往人员。	—	制定应急预案并培训、演练，做好现场应急处置	1	5	5	较小

续上表

序号	风险单元	风险事件	致险因素	管控措施					风险评估*（示例）			
				工程技术措施	管理措施	培训教育措施	个体防护措施	应急处置措施	可能性 L	严重性 C	风险值 D	风险等级
2	特殊路段	车辆翻车、多车连环碰撞	1. 可能出现团雾、结冰的路段，尤其是易发生严重堵车情况的高速公路出入口，容易出现车辆连环碰撞事故。2. 交通流量大、重载车辆多、建设指标偏低的路段容易出现翻车、连环碰撞事故。3. 未按规定设置安全设施。4. 未按要求实施提升公路连续长陡下坡路段安全通行能力专项行动。5. 未根据实际需要实行交通管控	1. 规范设置标志牌，规范路面行车驾驶行为。2. 加强日常养护及专项修复，发现病害及时处治，保持良好稳定的技术状况	1. 按要求实施提升公路连续长陡下坡路段安全通行能力专项行动。2. 根据实际需要实行交通管制，做好交通疏导方案。3. 加强节前巡查和检查，根据实际需要实行交通管控，做好交通疏导方案	1. 加强管养人员安全教育和培训，借助提示屏提醒过往人员。2. 加强交通安全宣传，提高驾驶员安全意识	—	1. 制定应急预案并培训、演练，做好现场应急处置。2. 根据可能出现的恶劣天气情况的应急措施及交通安全设备，并做好应急预案、演练，做好现场应急处置	6	5	30	较大

附录 B　风险辨识及评估清单

续上表

风险单元	风险事件	致险因素	管控措施					风险评估*（示例）			
			工程技术措施	管理措施	培训教育措施	个体防护措施	应急处置措施	可能性 L	严重性 C	风险值 D	风险等级
序号											
3 特殊路段	交通事故	1. 路面出现坑槽裂缝、破损、路基沉降，影响行车安全。2. 车辙槽持续发展形成失稳性车辙，雨天积水变成水槽造成行车不安全。3. 路面跳车，路肩损坏，水毁冲沟导致交通中断，路基构造物损坏，路面排水设施阻塞或损坏，路基不均匀沉降或纵向开裂容易造成行车不安全。4. 交通安全设施损坏，缺失或失去反光性能，驾驶员容易判断错误从而造成事故。5. 雨雾天气导致路面抗滑性能下降，能见度降低，驾驶员反应不及时容易发生事故（恶劣天气）。6. 在特殊复杂路段行驶，路况复杂造成的交通事故	1. 加强日常养护及专项修复，发现病害及时处治，保持良好稳定的技术状况。完善视线诱导设施和警告标志，确保有紧急避险车道，增设警示灯，可发光标志等。2. 积极引进新技术、新仪器，利用现代化科学技术手段进行检查	1. 加强日常巡查，规范设置标志、标线等交通安全设施，规范路面行车的驾驶行为。2. 保证排水设施无淤塞、无损坏，排水畅通	1. 加强管养人员安全教育和培训，借助显示屏提醒过往人员。2. 加强安全宣传，提高驾驶员安全意识	—	制定应急预案并培训、演练，做好现场应急处置	4	5	20	一般

— 39 —

续上表

序号	风险单元	风险事件	致险因素	管控措施					风险评估*（示例）			
				工程技术措施	管理措施	培训教育措施	个体防护措施	应急处置措施	可能性 L	严重性 C	风险值 D	风险等级
4	特殊路段	高处坠落（临崖临水高落差路段）	1. 驾驶行为不当或者车辆失控导致车辆冲出护栏掉落悬崖或落差较大路段，造成人员伤亡。2. 未按标准规范和指南设置护栏等交通安全设施。3. 未按规定开展交通安全设施养护	增设警示灯、警示标志，加强对夜间行车的引导	1. 加强对临水临崖路段护栏、标志标线等交通安全设施的检查力度。2. 加强对路况的检查力度，减少跳车现象发生	1. 加强管养人员安全教育和培训。2. 加强交通安全宣传，借助显示屏提醒过往人员	—	制定应急预案并培训、演练，做好现场应急处置	1	2	2	较小
5	特殊路段	物体打击	1. 标志标牌、广告牌松动、掉落造成驾驶员或乘车人员伤亡。2. 上跨匝道桥行车存在抛物行为，抛物打击造成驾驶员或乘车人员伤亡。3. 强风吹翻或者驾乘中车辆或致标志标牌、广告牌掉落造成驾驶员或乘车人员伤亡（恶劣天气）	—	1. 加强对标志标牌、广告牌、龙门架的日常检查及专项检查，发现松动、锈蚀、损坏物件应及时上报与修复。2. 加强对上跨桥防抛网设置的日常检查，对因抛物而出现的缺口位置采用兜网等措施进行完善	加强交通安全宣传，提高驾驶员安全意识	—	针对物体打击造成的交通事故制定应急预案，并组织工作人员开展应急演练	1	2	2	较小

续上表（示例）

序号	风险单元	风险事件	致险因素	管控措施					风险评估*			
				工程技术措施	管理措施	培训教育措施	个体防护措施	应急处置措施	可能性 L	严重性 C	风险值 D	风险等级
6	特殊路段	火灾	1. 新能源车辆行驶过程中自燃、车辆与车辆碰撞导致起火、危险运输车辆所携带危险化学品泄漏导致起火。2. 车辆制动片和制动盘经过长时间摩擦容易起火（连续下坡路段）	规范设置标志标牌，规范行车的驾驶行为	1. 加强日常养护及专项修复，发现病害及时处治，保持良好稳定的技术状况。2. 加强危险化学品运输车辆的管理	加强交通安全宣传，提高驾驶员安全意识	—	制定应急预案并培训、演练，做好现场应急处置	2	2	4	较小
7	特殊路段	淹溺（临水临崖高落差路段）	驾驶行为不当或者车辆失控导致车辆冲出护栏落水，造成人员淹溺	增设警示灯、警示标志，加强对夜间行车的引导	1. 加强对临水临崖路段护栏、标志标线等交通安全设施的检查力度。2. 加强对路段的路况检查力度，减少路段的跳车现象发生	加强交通安全宣传，提高驾驶员安全意识	…	制定应急预案并培训、演练，做好现场应急处置	1	2	2	较小
8	…	…	…	…	…	…	…	…	…	…	…	…
9	…	…	…	…	…	…	…	…	…	…	…	…

注：*表示各高速公路运营单位根据所属路段结构物的实际情况进行风险评估。

表 B-2 桥梁风险辨识及评估

序号	风险单元	风险事件	致险因素	管控措施				风险评估*（示例）			
				工程技术措施	管理措施	培训教育措施	个体防护措施	应急处置措施	可能性 L	严重性 C	风险值 D	风险等级
1	桥墩、桥台	坍塌	1. 墩台表面出现竖向裂缝、破损漏筋、钢筋锈蚀等导致桥墩桥台坍塌。2. 临近桥墩桥台的高边坡发生滑坡、坍塌等灾害，引发桥墩桥台垮塌。3. 航道下穿桥梁的桥墩未按规范要求设置防撞设施，经过船只撞击后容易引发桥梁结构倒塌（船撞桥）。4. 独柱墩桥梁抗倾覆能力相对有限，当超载车辆违规上路时很有可能导致桥梁倾覆（独柱墩桥梁）	1. 航道或道路下穿的桥梁桥墩应做好防撞保护措施，并规范设置警示标志标牌、警示灯等提醒车辆与船只。2. 恶劣天气下做好桥墩、桥台的健康监测，并合理设置警示标牌、显示屏等提醒过往车辆及桥下船只	1. 加强对桥墩、桥台等结构物的日常检查，发现结构物的病害与缺陷及时上报、处置。2. 加强对墩台附近边坡及护坡结构的日常检查，发现问题及时上报与处置。3. 加强对排水设施的日常检查，发现问题及时上报与处置。4. 落实结构物责任人挂牌责任制，将结构物检查责任压实到个人	1. 加强养管人员安全教育和技能培训。2. 加强交通安全宣传，提高路段驾驶员安全意识	—	制定应急预案并培训、演练，做好现场应急处置	2	5	10	一般

— 42 —

续上表

附录 B 风险辨识及评估清单

序号	风险单元	风险事件	致险因素	管控措施					风险评估*（示例）			
				工程技术措施	管理措施	培训教育措施	个体防护措施	应急处置措施	可能性 L	严重性 C	风险值 D	风险等级
2	桥墩、桥台	重型载货汽车通行流量较大的未经评估加固提升的独柱墩桥梁跨塌	1. 未联合有关部门对重型载货汽车通行流量较大的未经评估加固提升的独柱墩桥梁开展治超工作。 2. 独柱墩桥梁为危桥或其所在桥跨存在严重病害	1. 联合有关部门对重型载货汽车通行流量较大的未经评估加固提升的独柱墩桥梁开展治超工作。 2. 及时对危桥或者所在桥跨存在严重病害的所在桥梁进行处置	1. 加强对桥墩、桥台等结构物的日常检查，发现问题及时上报，处置结构物的病害与缺陷。 2. 落实结构物责任人挂牌责任制，将结构物检查责任压实到个人	1. 加强管养人员安全教育和技能培训。 2. 加强交通安全宣传，提高路段驾驶员安全意识	—	制定应急预案并培训、演练，做好现场应急处置	3	10	30	较大
3	桥墩、桥台	交通事故	1. 通航下穿桥梁的墩柱被过往船舶撞击（船撞桥）。 2. 上跨公路桥梁按规范要求设置防撞设施与警示标志。 3. 上跨公路桥梁按要求设置护栏两侧未等防撞设施	1. 航道或道路下穿桥梁的桥墩附近做好防撞保护措施，并规范设置标志标牌、警示灯等提醒穿越车辆与船只。 2. 恶劣天气下做好桥墩、桥台附近边坡及其设施的日常检查、排水设施，发现问题及时上报与处置。 3. 标志牌、显示屏设置等提醒过往车辆及桥下船只	1. 加强对桥墩、桥台等结构物的日常检查，发现问题及时上报，处置结构物的病害与缺陷。 2. 加强对墩柱附近边坡及设施的日常检查，排水设施，发现问题及时上报与处置。 3. 落实结构物责任人挂牌责任制，将结构物检查责任压实到个人	1. 加强管养人员安全教育和技能培训。 2. 加强交通安全宣传，提高路段驾驶员安全意识	—	制定应急预案并培训、演练，做好现场应急处置	3	2	6	一般

续上表

示例

序号	风险单元	风险事件	致险因素	管控措施					风险评估*（示例）		
				工程技术措施	管理措施	培训教育措施	个体防护措施	应急处置措施	可能性 L	严重性 C	风险值 D	风险等级
4	桥墩、桥台	物体打击	墩台混凝土掉角剥落、墩台顶面堆放垃圾杂物，掉落到下方道路，造成人员伤亡或车辆受损	做好日常巡查及清理工作	加强对桥墩桥台的日常检查及专项修复，病害应及时上报与修复	加强交通安全宣传，提高驾驶员安全意识	—	制定应急预案，并组织工作人员开展应急演练	1	2	2	较小
5	...	...	...	...	...	...	...	...	...	...	...	...
6	...	...	...	...	...	...	...	...	...	...	...	...

注：*表示各高速公路运营单位根据所属路段结构物的实际情况进行风险评估。

附录 B 风险辨识及评估清单

表 B-3 边坡风险辨识及评估

序号	风险单元	风险事件	致险因素	管控措施					风险评估*（示例）			
				工程技术措施	管理措施	培训教育措施	个体防护措施	应急处置措施	可能性 L	严重性 C	风险值 D	风险等级
1	格梁类	坍塌	1. 格梁受损、开裂、回陷、麻面、风化剥落、掉角，钢筋外露蜂窝等现象，锚梁护坡效果降低致使边坡发生边坡弯曲、位移，导致边坡坍塌。 2. 梁底脱空，锚索外露或锚索、格梁护坡效果降低致使边坡坍塌。 3. 动植物或人为活动导致梁损伤。 4. 未落实挂牌责任制或落实不到位，缺少对检查结构病害导致边坡坍塌。 5. 恶劣天气导致格梁起拱开裂、损坏或者梁底脱空，锚固效果降低导致边坡坍塌	1. 恶劣天气（长期高温、暴雨、台风、冰冻天气）下做好结构物的健康监测。 2. 积极引进新技术、新仪器，利用现代化科学技术手段进行检查	1. 加强日常巡查，发现病害及时上报与处置，对破损格梁进行修复；边坡处治前做好预警和管控围蔽。 2. 落实结构物责任人挂牌责任制，将结构物检查责任压实到个人	加强管养人员安全教育和技能培训	—	制定应急预案并培训、演练，做好现场应急处置	3	5	15	一般

— 45 —

续上表

| 序号 | 风险单元 | 风险事件 | 致险因素 | 管控措施 ||||| 风险评估*（示例） ||||
				工程技术措施	管理措施	培训教育措施	个体防护措施	应急处置措施	可能性 L	严重性 C	风险值 D	风险等级
2	格梁类	交通事故	混凝土块滚落至行车道影响行车安全	1. 恶劣天气（长期高温、暴雨、台风、冰冻天气）下做好结构物的健康监测，合理设置标志牌、显示屏等提醒过往车辆。2. 积极引进新技术、新仪器，利用现代化科学技术手段进行检查	1. 加强日常巡查，发现病害及时上报与处置，对破损格梁进行修复；边坡处治前做好预警和管控围蔽。2. 落实结构物责任人挂牌责任制，将结构物检查责任压实到个人	1. 加强管养人员安全教育和技能培训。2. 加强交通安全宣传，提高驾驶员安全意识	—	制定应急预案并培训、演练，做好现场应急处置	4	5	20	一般
3	格梁类	物体打击	线外孤石、碎石料向低处滚落可能造成人员伤亡或车辆受损	恶劣天气（长期高温、暴雨、台风、冰冻天气）下做好结构物的健康监测，合理设置标志牌、显示屏等提醒过往车辆	1. 加强日常巡查，发现病害及时上报与处置，对破损格梁进行修复；处置前做好预警和管控围蔽。2. 落实结构物责任人挂牌责任制，将结构物检查责任压实到个人	1. 加强管养人员安全教育和技能培训。2. 加强交通安全宣传，提高驾驶员安全意识	—	制定应急预案并培训、演练，做好现场应急处置	2	2	4	较小
4	…	…	…	…	…	…	…	…	…	…	…	…
5	…	…	…	…	…	…	…	…	…	…	…	…

注：* 表示各高速公路运营单位根据所属路段结构物的实际情况进行风险评估。

表 B-4 隧道风险辨识及评估

序号	风险单元	风险事件	致险因素	管控措施					风险评估*（示例）		
				工程技术措施	管理措施	培训教育措施	个体防护措施	应急处置措施	可能性 L	严重性 C	风险值 D	风险等级
1	洞口、洞门	坍塌	1. 山体滑坡，岩石崩塌，洞口边坡、护坡道的缺口，冲沟、潜流涌水，沉陷、塌落等病害导致洞口、洞门坍塌。2. 洞口护坡及构筑物的老化、失效以及洞口挡土墙出现严重裂缝、下沉等可能导致洞口、洞门坍塌。3. 洞门变形、结构开裂、破损，墙背填料落失等病害可能导致洞门坍塌。4. 洞门排水能力不足，容易导致洞门开裂，使其承载能力下降。5. 未落实结构物责任制，责任落实不完善，缺少或疏于检查洞门结构病害导致洞门坍塌。6. 恶劣天气下洞口发生变形，导致洞口坍塌	1. 恶劣天气下做好结构物的健康监测，并合理设置标志标牌、显示屏等提醒过往车辆。2. 积极引进新技术、新仪器，利用现代化科学技术手段进行检查	1. 加强对隧道洞门及洞口翼墙、边坡及护坡等结构物的日常检查，发现问题及时上报，处置病害与缺陷。2. 加强对洞门排水设施的日常检查，发现问题及时上报与处置。3. 落实结构物责任人挂牌责任制，将结构物检查责任压实到个人	1. 加强养护人员安全教育和技能培训。2. 加强安全宣传，交通安全宣传，提高驾驶员段安全意识	—	制定应急预案并进行培训、演练，做好现场应急处置	1	5	5	较小

续上表

序号	风险单元	风险事件	致险因素	管控措施					风险评估*（示例）			
				工程技术措施	管理措施	培训教育措施	个体防护措施	应急处置措施	可能性 L	严重性 C	风险值 D	风险等级
2	洞口、洞门	交通事故	1. 洞口边坡或墙背可能出现落石，开裂滑动，影响行车安全。 2. 洞门老化开裂，剥落混凝土掉落影响行车安全。 3. 洞门排水设施阻塞，在洞口处出现汇水、滴水现象影响行车安全。 4. 洞门处交通安全设施缺失、破损、车辆引导警示作用降低而引发交通事故。 5. 隧道洞口过渡段护栏连接处的螺栓松动脱落，无法保护行车辆的行车安全。 6. 强降雨天气下，洞口边坡可能会出现落石、泥石流现象，影响行车安全。	1. 恶劣天气下做好结构物的健康监测，合理设置标志标牌、显示屏等提醒过往车辆。 2. 积极引进新技术、新仪器，利用现代化科学技术手段进行检查	1. 加强对隧道洞门及洞口翼墙、洞门边坡及护坡等结构物的日常检查，发现问题及时上报，处置结构物的病害与缺陷。 2. 加强对洞门排水设施的日常检查，发现问题及时上报与处置。 3. 加强对洞口处标志标牌等交安设施的日常检查与维护工作。 4. 落实结构物检查责任人挂牌责任制，将结构物责任压实到个人	1. 加强管养人员安全教育和技能培训。 2. 加强安全宣传，交通安全宣传，提高路段驾驶员安全意识	—	制定应急预案并培训、演练，做好现场应急处置	2	2	4	较小

— 48 —

附录 B 风险辨识及评估清单

续上表

风险单元	序号	风险事件	致险因素	管控措施					风险评估*（示例）			
				工程技术措施	管理措施	培训教育措施	个体防护措施	应急处置措施	可能性 L	严重性 C	风险值 D	风险等级
洞口、洞门	2	交通事故	7. 恶劣天气下，大雾、雨雪天气导致洞口附近能见度降低，或出现积水结冰现象，可能造成车辆打滑、失控。8. 持续高温下，洞门与洞内衬砌温差较大，管易出现洞门开裂、片的温度下出现洞门开裂、落石现象，影响行车安全	1. 恶劣天气下做好结构物的健康监测，合理设置标志牌、显示屏等提醒过往车辆。2. 积极引进新技术、新仪器，利用现代化科学技术手段进行检查	1. 加强对隧道洞门及洞口翼墙、洞门边坡及护坡等结构物的日常检查，发现问题及时上报，处置结构物的病害与缺陷。2. 加强对洞门排水设施的日常检查，发现问题及时上报与处置。3. 加强对洞口处标志牌等交安设施的日常检查与维护工作。4. 落实结构物责任人挂牌责任制，将结构物责任压实到个人	1. 加强管养人员安全教育和技能培训。2. 加强交通安全宣传，提高路段驾驶员安全意识	—	制定应急预案并培训、演练，做好现场应急处置	2	2	4	较小
…	3	…	…	…	…	…	…	…	…	…	…	…

注：* 表示各高速公路运营单位根据所属路段结构物的实际情况进行风险评估。

表 B-5 办公区及生活区风险辨识及评估

序号	风险单元	风险事件	致险因素	管控措施				风险评估*（示例）			
				工程技术措施	管理措施	培训教育措施	个体防护措施	应急处置措施	可能性 L	严重性 C	风险值 D	风险等级
1	服务楼（厨房）	灼烫	作业人员在烹饪食品作业时可能导致烫伤事故	设置防护装置	执行厨房安全管理制度。 制定厨房安全操作规程，并严格执行	加强安全教育和宣传，日常安全培训	—	制定应急预案，定期进行演练	4	1	4	较小
2	服务楼（厨房）	触电	1. 电器线路老化，外层破损，作业过程中发生触电。 2. 电器设备及导线接地不良或失效，线路存在接头等	设置漏电保护装置防触电装置	加强用电安全巡检，确保用电设备线路无裸露、破损、老化或短路，杜绝私拉乱接等现象	加强安全教育和宣传，日常安全培训	—	制定触电事故现场处置方案，定期进行演练	2	2	4	较小
3	服务楼（厨房）	火灾、爆炸	1. 电线老化短路造成火灾。 2. 使用"三无"电器产品。 3. 大功率电器未设置专用电路。 4. 所用燃气泄漏、燃烧、爆炸。 5. 不按操作规程等进行作业。 6. 炉灶周围堆放易燃物。 7. 液化石油气瓶与灶具同距离过小	1. 液化石油气瓶与灶具间距不应小于0.5m。 2. 炉灶周围禁止堆放易燃物：厨房炉灶周围不要放置塑料制品，干柴、抹布等易燃物品。 3. 燃气连接软管不应穿墙体、门窗、顶棚和地面，长度不应大于2.0m且不应有接头	1. 定期检查厨房的卫生环境。 2. 定期对燃气装置检查维护。 3. 严格执行厨房安全管理制度和消防安全管理制度	加强安全教育和宣传，日常安全培训	—	制定火灾事故现场处置方案，定期进行演练	1	5	5	较小

续上表(示例)

序号	风险单元	风险事件	致险因素	管控措施					风险评估*			
				工程技术措施	管理措施	培训教育措施	个体防护措施	应急处置措施	可能性 L	严重性 C	风险值 D	风险等级
4	服务楼（厨房）	中毒和窒息	1. 厨房内部燃气泄露，厨房门窗通风不好。2. 食物未煮熟或保存不当造成人员食物中毒。3. 未安装气体检测装置或气体检测装置失效，导致燃气泄漏时无法察觉	安装燃气检测报警装置	1. 使用燃气时，必须有人看守，防止造成燃气泄漏，导致火灾或爆炸事故的发生。2. 常检查、勤维护：定期检查天然气管道等阀门、炉灶、热水器连接软管等是否牢固，有无漏气点。3. 加强安全巡视和监控	加强安全教育和宣传，日常安全培训	—	制定燃气泄漏现场处置方案，定期进行演练	1	5	5	较小
5	…	…	…	…	…	…	…	…	…	…	…	…
6	…	…	…	…	…	…	…	…	…	…	…	…

注：*表示各高速公路运营单位根据所属路段生产经营场所的实际情况进行风险评估。

表 B-6 收费站风险辨识及评估

序号	风险单元	风险事件	致险因素	管控措施					风险评估*（示例）			
				工程技术措施	管理措施	培训教育措施	个体防护措施	应急处置措施	可能性 L	严重性 C	风险值 D	风险等级
1	收费安全岛、车道	交通事故	1. 收费人员随意穿越车道。 2. 收费亭安全标志、标线不齐全、未设置清晰。 3. 外来人员驾驶进入收费区域。 4. 车道栏杆机、称重设备、大棚等损坏、掉落。 5. 未设置反光膜、交通锥、防撞桶，或其缺失或者损坏。 6. 收费车道未设置斑马线。 7. 绿通查验后方未使用反光锥封闭车道	加强完善收费广场交通安全设施，确保清晰、完整	1. 加强安全巡视和监控，确保收费车道防撞柱、栏杆、车道设备（车道指示信号灯、探测器、自助发卡机、车道栏杆机、称重设备、大棚顶灯等）等完好性。 2. 加强安全管理，定期开展安全检查	对收费人员组织开展安全教育培训，提高业务能力	穿戴好劳动防护用品	制定应急预案，提高应急能力	6	2	12	一般
2	收费安全岛、车道	触电	1. 电器设备破损或导线接地不良或失效，线路存在接头等。 2. 暴雨天气雨水汇集，空调外机线路暴露在水中。 3. 电线乱拉和裸露、接头松动	规范布置防护装置和电气线路	1. 加强安全管理，定期开展安全检查，定期对设备设施、电气线路等进行检查维护。 2. 加强用电安全巡检，严禁私拉乱接	对收费人员组织开展安全教育培训，提高业务能力	—	制定应急预案，提高应急能力	2	1	2	较小

附录 B 风险辨识及评估清单

续上表

序号	风险单元	风险事件	致险因素	管控措施					风险评估*（示例）			
				工程技术措施	管理措施	培训教育措施	个体防护措施	应急处置措施	可能性 L	严重性 C	风险值 D	风险等级
3	收费安全岛、车道	火灾	1. 作业人员违规在收费亭内使用大功率电器，私拉电线等。2. 避雷设施缺失或失效，设备设施被雷击后造成火灾。3. 电器设备故障，短路起火	查阅第三方防雷设施年检报告	1. 定期维护保养设备，不带故障。2. 亭内严禁吸烟和使用明火，消防器材齐全有效	对收费人员组织开展安全教育培训，提高业务能力	—	制定火灾事故现场处置方案，提高应急能力	1	5	5	较小
4	收费安全岛、车道	其他伤害	1. 收费纠纷引发的暴力伤害。2. 绿通检查爬梯存在变形、倾斜等情况	定期巡查，确保绿通通道检查爬梯不存在变形、倾斜等情况	劝返靠近收费站外来人员	对收费人员组织开展安全教育培训，提高业务能力	穿戴好劳动防护用品	制定应急预案，提高应急能力	5	1	5	较小
5	…	…	…	…	…	…	…	…	…	…	…	…
6	…	…	…	…	…	…	…	…	…	…	…	…

注：*表示各高速公路运营单位根据所属路段生产经营场所的实际情况进行风险评估。

表 B-7 服务区风险辨识及评估

序号	风险单元	风险事件	致险因素	管控措施				风险评估*（示例）			
				工程技术措施	管理措施	培训教育措施	个体防护措施	应急处置措施	可能性 L	严重性 C	风险值 D	风险等级
1	危险货物运输车辆临时停放区	中毒和窒息	危险货物运输车辆进出服务区时超载超速、车况不良和恶劣天气、车祸、非法改装等造成危险化学品泄漏	1. 优先采用穿管埋地敷设，且应避开危险货物运输车辆停放区和油罐区。2. 当采用电缆沟时，热力管道、可燃气体或可燃液体的管道不得穿越或敷设在同一沟内；处于危险环境中的电缆沟必须充沙填实	1. 加强危险货物运输车辆的巡查力度，杜绝违规车辆出入服务区。2. 危险货物运输车辆进入服务区后，由安保人员引导车辆进入服务区的具体时间，车牌号、化学品名称、种类、车辆驶离服务区的时间等内容进行严格登记，以备核查。3. 实施动态监控和巡逻。4. 利用广场照明设施和电子监控摄像头，对危险货物运输车辆实行24h重点监控	定期组织开展教育培训，提升员工安全操作知识和紧急应对措施的熟悉程度	—	制定危险货物运输车辆现场处置方案并组织演练	1	2	2	较小

— 54 —

附录 B 风险辨识及评估清单

续上表

续上表*（示例）

序号	风险单元	风险事件	致险因素	管控措施					风险评估*			
				工程技术措施	管理措施	培训教育措施	个体防护措施	应急处置措施	可能性 L	严重性 C	风险值 D	风险等级
2	危险货物运输车辆临时停放区	火灾、爆炸	1. 危险货物运输车辆停放时发生泄漏后遇明火发生火灾、爆炸等。2. 穿管埋地敷设未避开危险货物运输车辆停放区和油罐区。3. 处于爆炸、火灾危险环境中的电缆沟未充填沙实	1. 优先采用穿管埋地敷设，且应避开危险货物运输车辆停放区和油罐区。2. 当采用电缆沟时，热力管道、可燃气体或可燃液体的管道不得穿越或敷设在同一沟内；处于爆炸、火灾危险环境中的电缆沟必须充沙填实	1. 实施动态监控和巡逻。2. 利用广场照明设施和电子监控摄像头，对危险货物运输车辆实行24h重点监控	定期组织开展教育培训，提升员工安全操作知识和紧急应对措施熟悉程度	—	制定危险货物运输车辆现场处置方案并组织演练	1	5	5	较小
3	危险货物运输车辆临时停放区	交通事故	1. 临时危货物运输车辆牌缺失或标指示不清。2. 路面积水引发交通事故。3. 驾驶员疲劳驾驶、车辆状况不良、超载等引发交通事故	1. 优先采用穿管埋地敷设，且应避开危险货物运输车辆停放区和油罐区。2. 当采用电缆沟时，热力管道、可燃气体或可燃液体的管道不得穿越或敷设在同一沟内；处于爆炸、火灾危险环境中的电缆沟必须充沙填实	1. 实施动态监控和巡逻。2. 做好交通疏导分流，张贴明显的指引标识	定期组织开展教育培训，提升员工安全操作知识和紧急应对措施熟悉程度	—	制定危险货物运输车辆现场处置方案并组织演练	2	5	10	一般
4	…	…	…	…	…	…	…	…	…	…	…	…

注：*表示各高速公路运营单位根据所属路段生产经营场所的实际情况进行风险评估。

表 B-8 沿线隧道场所风险辨识及评估

风险单元	序号	风险事件	致险因素	管控措施					风险评估*（示例）		
				工程技术措施	管理措施	培训教育措施	个体防护措施	应急处置措施	可能性 L	严重性 C	风险值 D	风险等级
消防设施	1	火灾	1. 消防通道堆积杂物，人员无法疏散。2. 灭火器设置数量不符合要求，设置数量不足或失效等。3. 未设置消火栓。4. 消火栓未及时维护，管内消防用水不足。5. 消防栓上锁，火灾时无法使用。6. 应急指示牌缺失、遮挡或失效。7. 水池内水量不足，火灾无法得到扑救，导致火灾扩大。8. 输水管道堵塞或断裂，导致消防用水无法送达	1. 按要求设置灭火器、消火栓、火灾报警等设施。2. 设置消防水池液位报警装置	定期巡查，确保消防水池水量充足	开展全员消防宣传、教育培训，隧道应急演练	—	制定隧道专项应急预案，提高应急逃生能力	4	5	20	一般

续上表（示例）

序号	风险单元	风险事件	致险因素	管控措施					风险评估*			
				工程技术措施	管理措施	培训教育措施	个体防护措施	应急处置措施	可能性 L	严重性 C	风险值 D	风险等级
2	交通工程及机电设施	交通事故	1. 视频摄像头掉线，视频拍摄模糊。2. 风速风向仪、洞内外亮度检查设备（如CO/VI）、光纤光栅火灾探测器和双波长火焰探测器损坏，或每年未进行标定。3. 信号灯、可变信息标志信号缺失。4. 反光警示设施（侧壁瓷砖、轮廓标、突起路标、交通锥、出口距离预告标和应急停车带的防撞沙桶等）模糊，反光效果较差。5. 紧急停车带和紧急停车位置提示标志模糊不清	每年对隧道内仪器进行标定	定期巡检，确保交通监测设备设施功能正常	开展全员消防宣传、教育培训、隧道应急演练	—	制定隧道专项应急预案，提高应急逃生能力	2	2	4	较小

续上表

序号	风险单元	风险事件	致险因素	管控措施					风险评估*（示例）			
				工程技术措施	管理措施	培训教育措施	个体防护措施	应急处置措施	可能性 L	严重性 C	风险值 D	风险等级
3	交通工程及机电设施	物体打击	1. 可变信息标志损坏、掉落。2. 信号灯面板损坏、掉落。3. 风机损坏掉落	对损坏的机电设施进行维护、更换	定期巡检,确保交通监测设备设施功能正常	开展全员消防宣传、教育培训,隧道应急演练	—	制定隧道专项应急预案,提高应急逃生能力	4	2	8	一般
4	…	…	…	…	…	…	…	…	…	…	…	…
5	…	…	…	…	…	…	…	…	…	…	…	…

注：* 表示各高速公路运营单位根据所属路段生产经营场所的实际情况进行风险评估。

表 B-9 养护工区风险辨识及评估

| 序号 | 风险单元 | 风险事件 | 致险因素 | 管控措施 ||||| 风险评估*（示例） ||||
				工程技术措施	管理措施	培训教育措施	个体防护措施	应急处置措施	可能性 L	严重性 C	风险值 D	风险等级
1	仓库	火灾	1. 配电线路破损、短路。 2. 出现明火等行为。 3. 化学品和其他物品混放。 4. 消防通道堵塞。 5. 各类养护应急物资分类未存放。 6. 仓库存放有易燃易爆物品，未及时清理。 7. 易燃易爆有毒物品未设独立专用仓库进行存放	1. 严禁携带火种进入库房，不得存放易燃易爆的危险品，仓库区域内严禁吸烟。 2. 仓库内不准使用碘钨灯、电熨斗、电炉子、电烙铁等电加热器具，不准超负荷用电作业，不准用不合格的保险装置。 3. 物品应按"五距"要求码放	1. 严格执行仓库各项规章制度和岗位安全操作规程。 2. 加强安全检查和隐患治理工作。 3. 定期对库房内灯具、电线等设备进行检查，发现电线老化、破损、绝缘不良、短路等可能引起打火，必须及时更新线路。 4. 各类养护物资使用货架分类存放，建立动态台账。 5. 易燃易爆有毒物品设独立专用仓库存放	加强对员工的安全生产培训教育，提高管理人员安全管理能力，提高员工的安全意识和安全防范能力	—	制定火灾事故现场处置方案	2	5	10	一般
2	…	…	…	…	…	…	…	…	…	…	…	…
3	…	…	…	…	…	…	…	…	…	…	…	…

注：*表示各高速公路运营单位根据所属路段生产经营场所的实际情况进行风险评估。

表 B-10 养护作业风险辨识及评估

序号	风险单元	风险事件	致险因素	管控措施				风险评估*（示例）				
				工程技术措施	管理措施	培训教育措施	个体防护措施	应急处置措施	可能性 L	人员暴露时间长短 E	严重性 C	风险值 D	风险等级
1	无应急车道路段养护施工作业	交通事故	1. 作业区防护设施不足，车辆失控撞击作业人员。 2. 作业区未做好安全防护措施或未按要求设置安全防护设施而发生交通事故，造成人员伤亡、车辆损失。 3. 作业路段强行超车、车速过快、操作不当等违规作业行为，造成事故。 4. 养护施工车辆非正常安全运行。 5. 施工标志标牌、警示灯、警示喇叭等。 6. 防撞缓冲车未配备警示灯、车尾厢装载物品。 7. 巡查车未配备交通锥。 8. 作业控制区的布撤除未按规范要求进行。 9. 车辆未按要求进出作业区	1. 严格按照规定布置养护维修作业控制区，安全标志、车道渠化设施、移动标志车、车载式防撞垫、交通安全指挥假人模型。 2. 养护车辆配备反光标志、警示灯及警示喇叭。 3. 养护施工车辆时安全车速，注意路面情况。 4. 作业车辆按要求配备车载监控、行车记录仪，GPS定位系统，对讲机等。 5. 防撞缓冲车红蓝警示灯、两侧闪光筒示屏不得装载任何物品。 6. 巡查车加配红蓝警示灯、声光交通锥。 7. 所有车辆按要求进出控制区布设及撤除均按规范要求进行。 8. 进出车辆必须在场内指定地点停放，车辆不得违规掉头	1. 现场安排专门人员关注来车动态，做好警示和提醒。 2. 定期对施工车辆进行日常保养维修，确保车辆正常行驶。 3. 作业控制区的布设、拆除、管理应按照标准规范相关要求进行。 4. 配备专职安全管理员，对现场安全情况、进出人员、车辆以及交通安全设施进行管控	1. 定期对养护人员进行安全培训，提高安全意识以及应急处置能力。 2. 作业前进行针对性的安全交底	养护人员穿戴防护用品，注意安全	制定应急预案，开展针对性应急演练，加强路警联动应急处置提升能力	6	3	7	126	一般

续上表

序号	风险单元	风险事件	致险因素	管控措施					风险评估*（示例）				
				工程技术措施	管理措施	培训教育措施	个体防护措施	应急处置措施	可能性 L	人员暴露时间长短 E	严重性 C	风险值 D	风险等级
2	无应急车道二级公路养护施工作业	流量较大的二级公路在通车情况下实施养护作业时车辆连环碰撞风险	1. 作业现场未做好防护隔离、警示人员防护措施。 2. 相关作业队伍资质、专业性不符合要求，作业人员作业不规范。 3. 非作业车辆闯入作业区	1. 采用公众号、微博、告知牌、情报板、广播电视等多种形式做好此类作业期间的道路通行情报告知工作。 2. 养护作业现场应平面布置合理，物料堆放整齐，机械设备停放有序，养护机械或材料不得堆放于管控区外。	1. 根据养护作业情况，合理设置通行条件和通行时间。 2. 加强作业队伍管理，按照相关作业技术规范做好警示防护和作业区隔离防护	加强对司乘人员的交通安全宣传，充分利用服务区、收费站等宣传阵地	—	制定应急预案，开展针对性应急演练，加强路警联动提升事故应急处置能力	6	3	15	270	较大

作业期间加强路警联动、情报互通、维护施工路段交通秩序，作业路段发生事故应及时处置，避免发生道路拥堵。
4. 完工后及时做好清理、交接或验收工作

— 61 —

续上表

序号	风险单元	风险事件	致险因素	管控措施					风险评估*（示例）				
				工程技术措施	管理措施	培训教育措施	个体防护措施	应急处置措施	可能性 L	人员暴露时间长短 E	严重性 C	风险值 D	风险等级
3	无应急车道路段养护施工作业	高速公路多车连环碰撞	出现团雾、结冰等易发生严重堵塞情况的高速公路出入口，特别是节假日免收通行费期间，一旦车辆碰撞引发连锁反应，应急救助相对困难	1. 制定重大节假日保畅方案，节假日期间做好交通疏导工作。2. 高速公路运营单位应加强车流量分析研判，识别分析车辆碰撞、规模堵塞、聚集原因，制定应对措施	免收通行费期间应采取多种途径多种方式加强道路信息的报送和告知	加强对司乘人员的交通安全宣传，充分利用服务区、收费站等宣传阵地	—	制定应急预案，开展针对性应急演练，警路联动提升应急处置能力	6	3	15	270	较大
4	无应急车道路段养护施工作业	高处坠落	1. 在洞、坑、沟边、桥梁临边、高边坡进行作业时从高处跌倒、坠落导致人员伤亡。2. 作业前未检查高空车摆放或者脚手架搭设是否符合要求。3. 作业前未设专人监护。4. 作业工具未按要求放置	1. 高空车摆放或者脚手架搭设应符合要求。2. 作业使用的工具、材料、零件等应装入工具袋，上下时手中不应持物，不应投掷工具、材料及其他物品。易滚动、易滑动的工具、材料堆放在脚手架上时，应采取防坠落措施	高处作业应设专人监护，监护人员不得随意离开。作业人员不应在作业处休息	1. 定期对养护人员进行安全培训，提高安全意识以及应急处置能力。2. 作业前进行针对性的安全交底	按要求佩戴和使用个人防护用品，注意坠落风险	制定应急预案，开展针对性应急演练，加强应急处置能力	3	3	3	27	较小

附录B 风险辨识及评估清单

续上表（示例）

序号	风险单元	风险事件	致险因素	管控措施					风险评估*				
				工程技术措施	管理措施	培训教育措施	个体防护措施	应急处置措施	可能性 L	人员暴露时间长短 E	严重性 C	风险值 D	风险等级
5	无应急车道路段养护施工作业	物体打击	1.高处作业时不按要求传递工具和材料导致传递人员伤亡或设备损坏。2.高处山坡边松散的碎石跌落导致人员伤亡或设备损坏。3.台风导致树木、广告牌、路灯、交通标志牌等被吹倒造成人员伤亡。4.桥下作业可能发生桥上坠物、物体打击	1.按规定传递设备、工具，不得乱扔。2.佩戴合格防护用品，警示用品，进人施工现场，注意安全	提前了解天气预报，极端恶劣天气禁止进行养护作业	1.定期对养护人员进行安全培训，提高安全意识以及应急处置能力。2.作业前进行针对性的安全交底	养护人员需穿戴安全帽、安全鞋等防护装置，避免在危险地区停留，如临时建筑物、广告牌、大树等附近	制定应急预案，开展针对性应急演练，加强应急处置能力	6	2	3	36	较小
6	无应急车道路段养护施工作业	机械伤害	机械设备的使用不规范导致人员伤亡	1.按照操作规程使用设施设备，现场管理人员监督检查。2.机械外露的传动部位应安装防护装置	1.加强对机械设备的日常维护和保养，确保安全保护装置功能正常，运行状态正常。2.定期进行检查，要停电挂牌并严格执行检修、维修制度，有专人监护	加强对作业人员的培训教育，进行安全技术交底并严格执行操作规程	—	制定应急预案，开展针对性应急演练，加强应急处置能力	3	2	3	18	较小

— 63 —

续上表

风险单元	风险事件	致险因素	管控措施					风险评估*（示例）				
			工程技术措施	管理措施	培训教育措施	个体防护措施	应急处置措施	可能性 L	人员暴露时间长短 E	严重性 C	风险值 D	风险等级
序号												
7	无应急车道路段养护施工作业	触电	1. 设备老化、破损，操作中发生触电或被器械伤害。2. 作业人员未穿戴安全帽、佩戴绝缘手套（如需）、绝缘靴等。3. 露天装设的电气设备，未设置防雨、防潮的措施。4. 用电设备未配备专用开关箱。5. 电工未持证上岗。6. 电工作业前未进行安全教育培训。7. 作业前未检查电气装置和保护设施是否完好，设备带"病"运转	1. 严格按照电工操作流程作业，操作过程佩戴安全防护装备，如安全帽、绝缘手套、绝缘靴等。2. 露天装设的电气设备，应有防雨、防潮的措施。3. 线路铺设规范，配电箱、开关箱应时上锁，用电标志明显	1. 建立安全监督机制，加大安全监督力度，及时更新维护操作器械。2. 提前了解天气预报，极端恶劣天气禁止上路巡查。3. 电工须持证上岗。	定期培训和作业前进行针对性的安全交底，加强触电安全防护意识及技能	雷雨天气，养护人员需戴雨具，必要时穿戴绝缘鞋或绝缘靴	制定应急预案，开展针对性应急演练，加强应急处置能力	6	2	3	36	较小

— 64 —

续上表

序号	风险单元	风险事件	致险因素	管控措施					风险评估*（示例）			
				工程技术措施	管理措施	培训教育措施	个体防护措施	应急处置措施	可能性 L	人员暴露时间长短 E	严重性 C	风险值 D	风险等级
8	无应急车道路段养护施工作业	坍塌	1. 隧道洞门、衬砌等结构存在大范围开裂、砌体断裂、脱落等现象。 2. 因强雨降造成路段、隧道明塌等发生坍塌事故。 3. 运输车辆超载、偏载引发独柱墩桥梁坍塌或倾覆	1. 编制路段、桥梁、隧道、边坡养护方案。 2. 在开展独柱墩桥梁安全提升专项行动时，要确保独柱墩桥梁安全，对独柱墩桥梁进行加固。 3. 加强在途监管，对批路线行驶车辆经审车批路线独柱墩桥梁运行安全	1. 制定安全操作规程，规范安全行为。 2. 定期进行安全检查	1. 定期对养护人员进行安全培训，提高安全意识以及应急处置能力。 2. 作业前进行针对性的安全交底	—	制定应急预案，开展针对性应急演练，加强应急处置能力	1	2	3	6	较小
9	无应急车道路段养护施工作业	中毒和窒息	1. 隧道内CO、烟雾等有害气体。 2. 危险化学品运输车辆（剧毒）泄漏造成周边环境污染，吸入有毒气体，引发中毒事件	配备齐全的应急救援设施	定期进行日常巡查、安全检查	1. 定期对养护人员进行安全培训，提高安全意识及应急处置能力。 2. 作业前进行针对性安全交底	要求佩戴防毒面具和安全防护用品	制定应急预案，开展针对性应急演练，加强应急处置能力	3	2	1	6	较小

续上表（示例）

序号	风险单元	风险事件	致险因素	管控措施					风险评估*				
				工程技术措施	管理措施	培训教育措施	个体防护措施	应急处置措施	可能性 L	人员暴露时间长短 E	严重性 C	风险值 D	风险等级
10	无应急车道路段养护施工作业	火灾	1. 电气设备短路或电线裸露等造成火灾事故。2. 因雷暴天气引发火灾事故。3. 车载灭火器数量或气压不足	1. 线路与用电设备都要依照电气规程装置，不得乱拉乱接入过多或成功率过大的电气设备。2. 安装避雷针、避雷线和防雷网等防雷装置	1. 定期检查电线和插头是否有磨损、老化或裸露的部分，如有问题立即更换。2. 雷暴天气尽量不使用电器设备。3. 定期检查车载灭火器是否能稳定运行，按要求配备灭火器	1. 定期对养护人员进行安全培训，提高安全意识以及应急处置能力。2. 作业前进行针对性的安全交底	—	制定应急预案，开展应急演练，加强应急处置能力	6	2	3	36	较小
11	…	…	…	…	…	…	…	…	…	…	…	…	…

注：* 表示各高速公路运营单位根据所属路段作业活动的实际情况进行风险评估。

附录 B 风险辨识及评估清单

表 B-11 路政作业风险辨识及评估

序号	风险单元	风险事件	致险因素	管控措施				风险评估*（示例）				
				工程技术措施	管理措施	培训教育措施	个体防护措施	应急处置措施	可能性 L	人员暴露时间长短 E	严重性 C	风险值 D	风险等级
1	路政巡查	交通事故	1. 路政驾驶员未按规定佩戴安全带，存在开车打电话、超速行驶等违法驾驶行为。 2. 作业车辆轮胎磨损严重不均，未及时更换。 3. 路政人员数量少于2人，目未穿好反光标志服，未携带必要装备。 4. 实施车辆巡查时，巡查车辆超过80km/h的速度行驶；巡查车辆未开启示警灯；恶劣天气通行条件较差时，未加开开危险警示标志，接到案发事件处理指令时，巡查车辆超过该路段限速值。 5. 车辆巡查未按路右侧行车道行驶，巡查车在全封闭作业外，存在逆行、倒车或利用中央分隔带应急口穿越对向车道的现象。 6. 执行紧急任务时未按规定操作	1. 车内张贴"请系好安全带""安全驾驶"等提醒标语。 2. 做好事故现场安全防护。 3. 保持安全车速，注意路面情况	完善路政人员岗位操作规程并进行安全交底	定期对路政人员进行培训	佩戴合格劳动防护用品和配置安全作业设施，注意安全	制定应急预案，开展针对性应急演练，加强路警联动提升应急处置能力	6	6	3	108	一般

— 67 —

续上表

序号	风险单元	风险事件	致险因素	管控措施					风险评估*（示例）				
				工程技术措施	管理措施	培训教育措施	个体防护措施	应急处置措施	可能性 L	人员暴露时间长短 E	严重性 C	风险值 D	风险等级
2	路政巡查	高速公路多车连环碰撞	出现团雾、结冰等情况，易发生严重堵塞的高速公路出入口，特别是节假日期通行费期间，一旦车辆严重堵塞，发生车辆碰撞引发连锁反应，应急救助相对困难	1. 制定重大节假日保畅方案，节假日期间做好交通疏导工作。2. 高速公路运营单位应加强车流量的研判，识别分析车辆大规模堵塞、聚集原因，制定应对措施	采取多种方式加强道路信息的报送和告知 免收通行费期间应	加强对司乘人员的交通安全宣传，充分利用服务区、收费站等宣传阵地	—	制定应急预案，开展针对性应急演练，加强路警联动提升应急处置能力	6	3	6	108	一般
3	路政巡查	物体打击	1. 桥下空间检查过程中被抛空物体打击，或路政巡查过程中被广告标牌等物体打击，造成人员伤亡。2. 高处山坡边坡跌落的碎石跌落导致人员伤亡或设备损坏。3. 台风导致树木、路灯、广告牌、交通标志牌等被吹倒造成人员伤亡	1. 按规定传递设备、工具，不得乱抛。2. 佩戴合格防护用品，进入施工现场，注意安全	提前了解天气预报，极端恶劣天气禁止进行路面巡查	定期对路政人员进行安全培训，巡查前进行针对性的安全交底	路政人员需穿戴安全帽、安全鞋等防护装置，在危险地区停留，如临时建筑物、广告牌、大树等附近避免	制定应急预案，开展针对性应急演练，加强应急处置能力	3	3	3	27	较小

— 68 —

续上表（示例）

序号	风险单元	风险事件	致险因素	管控措施					风险评估*				
				工程技术措施	管理措施	培训教育措施	个体防护措施	应急处置措施	可能性 L	人员暴露时间长短 E	严重性 C	风险值 D	风险等级
4	路政巡查	触电	雷雨天气，未做好防护措施而发生触电事故，造成人员伤亡	1. 露天装设的电气设备，应有防雨、防潮的措施。2. 线路铺设规范，配电箱、开关箱应及时上锁，用电标志明显	提前了解天气预报，极端恶劣天气禁止巡查	定期培训和巡查前进行针对性的安全交底，加强触电安全防护意识及技能	雷雨天气，路政人员需穿戴雨具，必要时穿戴绝缘鞋或绝缘靴	制定应急预案，开展应急演练，加强应急处置能力	0.5	1	3	1.5	较小
5	路政巡查	坍塌	1. 因强降雨或山体崩塌、边坡或土壤松散等发生坍塌事故。2. 隧道洞门、衬砌等结构存在大范围开裂、砌体断裂、脱落等现象	1. 编制路段、桥梁、隧道、边坡养护方案。2. 加强日常养护及专项修复，发现病害及时处治，保持良好稳定的技术状况。3. 积极引进新技术、新仪器、利用现代化科学技术手段开展检查工作	提前了解天气预报，极端恶劣天气禁止巡查	定期对路政人员进行安全培训，巡查前进行针对性的安全交底	路政人员应配戴合格防护用品	制定应急预案，开展应急演练，加强应急处置能力	1	1	15	15	较小

续上表

续上表（示例）

序号	风险单元	风险事件	致险因素	管控措施					风险评估*				
				工程技术措施	管理措施	培训教育措施	个体防护措施	应急处置措施	可能性 L	人员暴露时间长短 E	严重性 C	风险值 D	风险等级
6	路政巡查	中毒和窒息	1. 危险化学品运输车辆（剧毒）泄漏造成周边环境污染，吸入有毒气体，引发中毒事件。2. 涵洞、隧道内存在CO、烟雾等有害气体	进入有限空间前检测气体，配备通风设备	在路政车辆内配备应急救援设施	定期对路政人员进行安全培训，巡查前进行针对性的安全交底	按要求佩戴防毒面具或者其他防护用品	制定应急预案，开展应急演练，加强应急处置能力	3	3	7	63	较小
7	路政巡查	火灾	1. 因交通事故引发火灾。2. 因雷暴天气引发火灾事故。3. 车载灭火器数量或气压不足	1. 做好事故现场安全防护。2. 发生事故及时拨打119火警、120救护、122报警电话。3. 定期检查车载灭火器是否能稳定运行，按要求配备灭火器	完善路政人员岗位操作规程并进行安全交底	定期对路政人员进行安全培训，巡查前进行针对性的安全交底	—	制定应急预案，开展针对性应急演练，加强应急处置能力	1	3	7	21	较小
8	路政巡查	其他伤害	路政人员在检查桥下空间及涵洞时，因地形环境复杂，发生跌倒或被虫蛇叮咬等情况，导致人员受伤	做好现场安全防护，及时拨打120救护电话	完善路政人员岗位操作规程并进行安全交底	定期对路政人员进行安全培训，巡查前进行针对性的安全交底	巡查前配备防滑鞋、登山杖及防蚊虫叮咬药物	开展针对性应急演练，加强应急处置能力	3	3	1	9	较小
9	...	...	...	...	...	...	...	...	...	...	...	...	...
10	...	...	...	...	...	...	...	...	...	...	...	...	...

注：* 表示各高速公路运营单位根据所属路段作业活动的实际情况进行风险评估。

表 B-12 收费作业风险辨识及评估

序号	风险单元	风险事件	致险因素	管控措施					风险评估*（示例）				
				工程技术措施	管理措施	培训教育措施	个体防护措施	应急处置措施	可能性 L	人员暴露时间长短 E	严重性 C	风险值 D	风险等级
1	入口禁止违法超限超载货运车辆通行	交通事故	1.入口拒超作业时，由于车流量较大，车速较快，容易引发伤亡。2.作业人员用肢体拦截车辆。3.引导劝返车辆时未有2人进行相互配合。4.遇车辆强行冲卡位置进行指引。5.人员未站在正确位置进行指引，现场工作人员未以正确方式处理。6.广场通道、安全通道行走时未走栏杆下通过。	做好交通疏导工作，收费人员通过收费通道时应走安全通道，遵守"一停二看三通过"原则	完善入口拒超操作规程	定期开展安全教育培训，提高收费人员应急处置能力和素质	穿戴好劳动防护用品	定期开展应急培训和演练	6	2	7	84	一般
2	入口禁止违法超限超载货运车辆通行	其他伤害	入口拒超作业时，与其他发生冲突，导致收费人员受到伤害	1.处置过程全程开启执法记录仪，并与对方保持一定安全距离。2.及时拨打120救护、110报警电话	1.制定完善相关操作规程。2.落实收费现场人员安全责任。3.做好事故现场安全防护	定期开展培训，提高收费人员对安全生产的重要性的认识以及应急处置能力	穿戴好劳动防护用品	定期开展应急培训和演练	3	2	3	18	较小

续上表

| 序号 | 风险单元 | 风险事件 | 致险因素 | 管控措施 ||||| 风险评估*（示例） |||||
				工程技术措施	管理措施	培训教育措施	个体防护措施	应急处置措施	可能性 L	人员暴露时间长短 E	严重性 C	风险值 D	风险等级
3	入口禁止违法超限超载货运车辆通行	中毒和窒息	危险化学品运输车辆（剧毒）泄漏污染周边环境，吸入有毒气体，引发中毒事件	—	落实收费现场人员安全责任	定期开展培训，提高收费人员对安全生产重要性的认识以及应急处置能力	在收费岗亭内按要求配备防毒面具或者其他防护用品	开展环境污染事件现场处置方案	1	3	3	9	较小
4	入口禁止违法超限超载货运车辆通行	物体打击	1. 高处山坡边松散的碎石跌落导致人员伤亡。2. 台风导致附近构造物被吹倒而造成人员伤亡	收费人员避免在危险区域停留	提前了解天气预报，注意做好个人安全防护	定期开展培训，提高收费人员对安全生产重要性的认识以及应急处置能力	佩戴合格劳动防护用品，作业时注意安全	定期开展应急培训和演练	3	2	3	18	较小

续上表

序号	风险单元	风险事件	致险因素	管控措施					风险评估*（示例）				
				工程技术措施	管理措施	培训教育措施	个体防护措施	应急处置措施	可能性 L	人员暴露时间长短 E	严重性 C	风险值 D	风险等级
5	入口禁止违法超限超载货运车辆通行	触电	1.雷雨天气，未做好防护措施而发生触电事故，造成人员伤亡。2.在收费亭内违规使用高负荷电器设备，私自外接线路。3.雷雨天气和易燃易爆品附近严禁使用对讲机等无线通信设备	禁止在收费亭内使用电烤炉、电火箱等高负荷电器设备，禁止在收费亭内私自外接线路	提前了解天气预报，注意做好个人安全防护	定期开展培训，提高收费人员对安全生产的重要性的认识以及应急处置能力，加强触电安全防护意识及技能	雷雨天气，收费人员需穿戴雨具，必要时穿绝缘鞋或绝缘靴	定期开展应急培训和演练	3	2	3	18	较小
6	入口禁止违法超限超载货运车辆通行	火灾	1.因雷暴天气引发火灾事故。2.收费广场灭火器数量或气压不足	1.做好事故现场安全防护。2.定期检查灭火器是否能稳定运行，按要求配备灭火器	制定安全作业操作规程	定期组织人员对该内容进行学习	—	定期开展应急培训和演练	1	3	3	9	较小
7	…	…	…	…	…	…	…	…	…	…	…	…	…
8	…	…	…	…	…	…	…	…	…	…	…	…	…

注：*表示各高速公路运营单位根据所属路段作业活动的实际情况进行风险评估。

表 B-13 机电作业风险辨识及评估

序号	风险单元	风险事件	致险因素	管控措施				风险评估*（示例）				
				工程技术措施	管理措施	培训教育措施	个体防护措施	应急处置措施	可能性 L	人员暴露时间长短 E	严重性 C	风险值 D	风险等级
1	机电主线抢修和专项施工	交通事故	1. 社会车辆误入施工作业区，或和施工车辆发生碰撞而发生交通事故。2. 作业人员在进行作业时未穿着反光背心，未配备必要防护设备，或随意跨越作业控制区活动，或穿梭车道。3. 作业车辆未按规程要求开启示警灯具。4. 作业现场未做好安全防护措施。5. 作业人员未经批准擅自变更控制标志和区域或扩大维护作业范围。6. 车辆行驶过程中驾驶员出现不安全行为	1. 高清监控设备辅助监管。2. 使用电子提醒设备。3. 规范使用防撞车。4. 作业车辆按规程要求开启示警灯具。5. 作业现场做好防护隔离，警示告知和作业人员防护措施。6. 不准擅自变更控制标志和区域或扩大维护作业范围	1. 完善资质审查，完善涉路施工许可手续。2. 做好施工安全交底工作，严格落实道施工作业规范。3. 落实施工现场监控，路政、业务部门"三网"共管，加强施工监管，确保监理工作到位。4. 作业现场须配备安全管理人员。5. 严禁作业人员跨越作业控制区活动	施工前安全交底落实到班组，要有针对性	配备反光衣、安全带、安全帽等	定期开展应急培训和演练	6	3	7	126	一般

附录 B 风险辨识及评估清单

续上表

序号	风险单元	风险事件	致险因素	管控措施					风险评估*（示例）				
				工程技术措施	管理措施	培训教育措施	个体防护措施	应急处置措施	可能性 L	人员暴露时间长短 E	严重性 C	风险值 D	风险等级
2	机电主线抢修和专项施工	流量较大的二级以上公路在通车情况下实施作业时车辆连环碰撞风险	1. 作业现场未做好防护隔离和作业人员告知。2. 相关专业性不符合要求、作业人员作业不规范。3. 非作业车辆闯入作业区	1. 采用公众号、微博、告知牌、可变式信息标志等多种形式做好此类作业期间的道路通行情况报告工作。2. 作业现场警示、隔离，作业人员做好相应防护措施。3. 严格审核作业队伍资质，其资质、作业性必须符合操作相关规范要求。4. 禁止非作业车辆闯入作业区	1. 根据机电作业情况，合理设置通行条件和通行时间。2. 加强作业队伍管理，按照相关规范做好警示告知和作业区隔离防护	加强对司乘人员的交通安全宣传，充分利用服务区、收费站等宣传阵地	—	制定应急预案，开展针对性应急演练，警联动提升事故应急处置能力	6	3	15	**270**	较大
3	机电主线抢修和专项施工	高处坠落	1. 在桥梁、临边等位置作业时未做好安全防护措施导致跌落。2. 对摄像头、电气设备涉及爬梯、攀爬等高处作业的，存在坠落、滑倒等危险	1. 高空车摆放或者脚手架搭设符合要求。2. 作业使用的工具、材料、零件等应装入工具袋，上下时不应投掷工具、材料及其他物品。易滑动、易滚动的工具、材料堆放在脚手架上时，应采取防坠落措施	高处作业应设专人监护，监护人员不得随意离开。作业人员不应在作业处休息	定期对作业人员进行安全培训，作业前进行针对性的安全交底	按要求佩戴和使用个人防护用品，注意坠落风险	制定应急预案，开展针对性应急演练，加强应急处置能力	6	3	7	126	一般

续上表

续上表（示例）

序号	风险单元	风险事件	致险因素	管控措施					风险评估*				
				工程技术措施	管理措施	培训教育措施	个体防护措施	应急处置措施	可能性 L	人员暴露时间长短 E	严重性 C	风险值 D	风险等级
4	机电主线抢修和专项施工	物体打击	1. 高处山坡边松散的碎石跌落导致人员伤亡。2. 台风导致附近构造物被吹倒而造成人员伤亡	1. 按规定传递设备、工具，不得乱扔。2. 佩戴合格防护用品，进入施工现场，注意安全	提前了解天气预报，极端恶劣天气禁止进行养护作业	定期对作业人员进行安全培训，作业前进行针对性的安全交底	作业人员需穿戴安全帽、安全鞋等防护装置，避免在危险地区停留，如临时建筑物、广告牌、大树等附近	制定应急预案，开展针对性应急演练，加强应急处置能力	6	3	3	54	较小
5	机电主线抢修和专项施工	机械伤害	机械设备的使用不规范导致人员伤亡	1. 按照操作规程使用设施设备，现场管理人员监督检查。2. 机械外露的传动部位应安装防护装置	1. 加强对机械设备的日常维护和保养，确保安全保护装置功能正常，运行状态正常。2. 定期进行检查，要停电挂牌并严格执行检修、维修制度，并有专人监护	加强对作业人员的培训教育，作业前进行安全技术交底	—	制定应急预案，开展针对性应急演练，加强应急处置能力	3	3	3	27	较小

续上表（示例）

序号	风险单元	风险事件	致险因素	管控措施				风险评估*				
				工程技术措施	管理措施	培训教育措施	个体防护措施	应急处置措施	可能性 L	人员暴露时间长短 E	严重性 C	风险值 D	风险等级
6	机电主线抢修和专项施工	触电	1. 设备老化、破损，操作中发生触电或机械伤害。2. 雷雨天气，作业时未做好防护措施而发生触电事故，造成人员伤亡。3. 电工未持证上岗。4. 带电作业时，未做好可靠的安全防护用品措施。5. 电工未经申请配电室操作规程进行作业。6. 电气设备的金属外壳、防火门等未接地或接零。	1. 严格按照电工操作流程，操作设备，佩戴好安全防护装备，如安全帽、绝缘手套、绝缘靴等。2. 露天装设的电气设备，应有防雨防潮的措施。3. 线路铺设规范，配电箱、开关箱及时上锁，用电标志明显。4. 电气设备的金属外壳、防火门等必须有可靠的接地接零线，不得拆除其接地线。	1. 建立安全监督机制，加大安全监督力度，及时更新维护操作器械。2. 电工须持证上岗。3. 一般情况下不得带电作业，必须带电作业时，应做好安全保护措施，同时有2人进行作业，1人操作，1人监护。4. 作业人员未经允许不得操作变配电室设备。5. 在配电室的作业必须严格按照操作规程进行操作	定期对作业人员进行安全培训，作业前进行针对性的安全交底，加强安全触电意识及技能	雷雨天气，作业人员需穿戴雨具，必要时穿绝缘鞋或绝缘靴	制定应急预案，开展应急演练，加强应急处置能力	6	3	3	54	较小
7	机电主线抢修和专项施工	坍塌	1. 隧道洞门、衬砌等结构存在大范围开裂、砌体断裂、脱落等现象。2. 因强降雨或山体崩塌造成路段、桥梁、隧道等发生坍塌事故	编制路段、桥梁、隧道、边坡养护方案	1. 制定安全操作规程，规范安全检查。2. 定期进行安全检查	定期开展安全操作培训	—	制定应急预案，开展应急演练，加强应急处置能力	1	2	7	14	较小

续上表

| 序号 | 风险单元 | 风险事件 | 致险因素 | 管控措施 ||||| 风险评估*（示例） ||||
				工程技术措施	管理措施	培训教育措施	个体防护措施	应急处置措施	可能性 L	人员暴露时间长短 E	严重性 C	风险值 D	风险等级
8	机电主线抢修和专项施工	中毒和窒息	1. 有限空间作业存在有毒气体或空气不足现象。2. 进入有限空间前未进行有害气体检测。3. 作业过程中，隧道监控室根据现场反馈情况，适时开启风机、照明等设备	1. 配备齐全的应急救援设施。2. 进入有限空间前检测气体，配备通风设备。3. 作业过程中，隧道监控室根据现场反馈情况，适时开启风机、照明等设备	定期进行日常巡查、安全检查	定期对作业人员进行安全培训，作业前进行针对性的安全交底	要求佩戴防毒面具和安全防护用品	制定应急预案，开展针对性应急演练，加强应急处置能力	1	3	7	21	较小
9	机电主线抢修和专项施工	火灾	1. 电气设备短路或电线裸露等造成火灾事故。2. 因雷暴天气引发火灾事故。3. 车载灭火器不足。4. 安全防护用品配备不足或失效	1. 线路与用电设备都要依照电气规程装置，不得乱拉乱接，接入过多或功率过大的电气设备。2. 安装避雷针、避雷线和防雷网等防雷装置。3. 供配电房的专用安全防护用品不得他用，并定期检查其安全性能	1. 定期检查电线和插头是否有磨损、老化或裸露的部分，如有问题立即更换。2. 雷暴天气尽量不使用电器设备。3. 定期检查车载灭火器是否能稳定运行，按要求配备灭火器	定期对作业人员进行安全培训，提高素养及意识以及应急处置能力，作业前进行针对性的安全交底	—	制定应急预案，开展针对性应急演练，加强应急处置能力	3	3	3	27	较小
10	…	…	…	…	…	…	…	…	…	…	…	…	…
11	…	…	…	…	…	…	…	…	…	…	…	…	…

注：* 表示各高速公路运营单位根据所属路段作业活动的实际情况进行风险评估。

表 B-14 拯救作业风险辨识及评估

风险单元	风险事件	致险因素	管控措施				风险评估*（示例）				
			工程技术措施	管理措施	培训教育措施	个体防护措施	应急处置措施	可能性 L	人员暴露时间长短 E	严重性 C	风险值 D	风险等级
拯救作业路面巡查	交通事故	1. 拯救人员未穿好反光标志服，未携带必要装备。 2. 驾驶过程中驾驶员出现不安全行为。 3. 夜间清障车辆未开启警灯、照明灯，示廊灯，鸣响警报，未按作业规程摆放反光锥和爆闪灯等警示标志。 4. 未按规定要求，设置安全防护区域。 5. 作业现场滞留围蔽区域，作业现场无关人员进入作业区域，作业人员始终朝来车方向进行警戒瞭望。 6. 作业现场，两名队员站位不合理，未设置至少一名队员始终朝来车方向的警戒瞭望。 7. 作业过程中，未在安全隔离带内活动。 8. 拖车前未对检查、援车辆进行检查，未切断被拯救车辆电源。	1. 拯救队长定期利用车载移动视频或监控视频抽查拯救队员在拯救作业或路面巡查过程中是否按要求做好安全防护工作。 2. 做好事故现场安全防护。 3. 及时拨打120救护、110报警电话。 4. 清障车辆应首选在距现场安全区域来车方向150m外停放。 5. 下车前提前打开肩章式爆闪灯。 6. 引导、提醒车主及乘客至安全区域（护栏外等）。 7. 按规定撤除、回收安全围闭的设施。 8. 从现场200m外来车方向连续摆放反光锥。	1. 制定安全作业操作规程。 2. 定期检查拯救队员和车辆配备安全防护用品及安全设备完好情况，发现缺损或故障的及时补充和修复	定期组织拯救队员对该内容进行学习	配备反光衣、肩光灯、指挥棒及反光锥等	拯救队伍不定期组织开展实操演练	6	3	7	126	一般

续上表

序号	风险单元	风险事件	致险因素	管控措施					风险评估*（示例）			
				工程技术措施	管理措施	培训教育措施	个体防护措施	应急处置措施	可能性 L	人员暴露时间长短 E	严重性 C	风险值 D	风险等级
1	拯救作业、路面巡查	交通事故	9.占用相邻车道，超车道作业前，未按操作规程鸣响警报，通知人员到场。10.下车前未提前打开肩章式爆闪灯。11.未引导、提醒车主及乘客至安全区域（护栏外等）。12.未按规定撤除、回收安全围闭的设备设施	9.夜间作业清障车辆应开启警灯、照明灯、示廓灯，鸣响警报，拯救队员需配备足够的照明设备，穿着反光衣	1.制定安全作业操作规程。2.定期检查拯救配备安全防护用品及安全设备完好情况，发现缺损或故障的及时补充和修复	定期组织拯救队员对该内容进行学习	配备反光衣、肩灯、指挥棒及反光锥等	拯救队伍不定期组织开展实操演练	6	3	7	126	一般
2	拯救作业、路面巡查	流量较大的二级以上公路在通车情况下实施车辆作业时车辆连环碰撞风险	1.作业现场未做好防护隔离，警示告知和作业人员防护措施。2.相关作业队伍不符合资质、专业性，作业人员作业不规范。3.非作业车辆闯入作业区	1.采用公众号、微博、告知牌、可变信息标志、广播电视等多种形式做好此类作业期间的道路通行情况报告工作。2.作业现场做好隔离、告知、警示防护措施。3.严格审核作业队伍资质、专业性，其资质、作业性必须符合要求，作业人员相关作业必须符合相关规范要求。4.禁止非作业车辆闯入作业区	1.根据拯救作业情况，合理设置通行时间。2.加强作业队伍管理，按照相关规范做好作业区隔离防护和作业区告知	加强对司乘人员的交通安全宣传，充分利用服务区、收费站等宣传阵地	—	制定应急预案，开展针对性应急演练，加强路警联动，提升应急处置能力	6	3	15	270	较大

— 80 —

附录 B 风险辨识及评估清单

续上表（示例）

序号	风险单元	风险事件	致险因素	管控措施					风险评估*				
				工程技术措施	管理措施	培训教育措施	个体防护措施	应急处置措施	可能性 L	人员暴露时间长短 E	严重性 C	风险值 D	风险等级
3	抢救作业、路面巡查	高处坠落	1. 在洞、坑、沟边进行作业，导致人员伤亡。2. 登高作业导致人员伤亡。3. 临时设施和支架垮塌导致人员伤亡。4. 设备损坏或设施受损导致人员伤亡	1. 高空车摆放或者脚手架装设符合要求。2. 作业使用的工具、材料、零件等应装入工具袋，上下时手中不应持物，不应投掷工具、材料及其他物品。易滑动、易滚动的工具、材料堆放在脚手架上时，应采取防止坠落措施。3. 要有专人监护，警示边坡设置警示牌、警戒线和警示灯，并可以设防护栏和防护网	1. 高处作业应设专人监护，监护人员不得随意离开。作业人员不应在作业处休息。2. 严格执行安全技术交底要求，现场负责人应监管，按规范搭设临时设施	定期对作业人员进行安全培训，作业前进行针对性的安全交底	按要求佩戴和使用个人防护用品，注意坠落风险	制定应急预案，开展针对性应急演练，加强应急处置能力	3	3	3	27	较小
4	抢救作业、路面巡查	物体打击	1. 高处山坡边松散的碎石跌落附近构造物导致人员伤亡。2. 台风导致附近构造物被吹倒造成人员伤亡。3. 未严格按规定实施车辆清障救援作业（平板装载，托举，吊装等）；吊装作业未佩戴安全头盔	1. 按规定传递设备工具用品，不得乱扔。2. 佩戴合格防护或警示用品，进入施工现场，注意安全	提前了解天气预报，极端恶劣天气禁止进行养护作业	定期对作业人员进行安全培训，作业前进行针对性的安全交底	抢救人员需穿戴安全帽、安全鞋等防护装置，避免在危险地区停留	制定应急预案，开展针对性应急演练，加强应急处置能力	1	2	3	6	较小

续上表（示例）

序号	风险单元	风险事件	致险因素	管控措施					风险评估*				风险等级
				工程技术措施	管理措施	培训教育措施	个体防护措施	应急处置措施	可能性 L	人员暴露时间长短 E	严重性 C	风险值 D	
5	拯救作业、路面巡查	机械伤害	机械设备的使用不规范导致人员伤亡	1. 按照操作规程使用设施设备，现场管理人员监督检查。2. 机械外露的传动部位应安装防护装置	1. 加强对机械设备的日常维护和保养，确保运行正常。2. 定期进行检查，要停电挂牌并严格执行检修、维修制度，并有专人监护	加强对作业人员的培训教育，进行安全技术交底并严格执行操作规程	—	制定应急预案，开展针对性应急演练，加强应急处置能力	1	3	3	9	较小
6	拯救作业、路面巡查	触电	1. 设备老化、破损，操作中发生触电或被操作中造成器械伤害。2. 雷雨天气，在路面巡查未做好防护措施而发生触电事故，造成人员伤亡	1. 严格按照电工操作流程作业，操作过程佩戴安全帽、绝缘手套、绝缘靴等。2. 露天装设的电气设备，应有防雨、防潮的措施。3. 线路铺设规范，配电箱、开关应及时上锁，用电标志明显。4. 电气设备的金属外壳、防火门等必须有可靠的接地或接零，不得拆除其接地线	1. 建立安全监督机制，加大安全监督力度，及时更新维护操作器械。2. 电工须持证上岗。3. 一般情况下不得带电作业。4. 作业人员未经允许不许操作变配电室设备。5. 严格按照操作规程进行操作	定期培训和作业前进行针对性的安全交底，加强触电安全防护意识及技能	雷雨天气，人员需穿戴雨具，必要时穿戴绝缘鞋或绝缘靴	制定应急预案，开展针对性应急演练，加强应急处置能力	0.5	3	3	4.5	较小

续上表

序号	风险单元	风险事件	致险因素	管控措施					风险评估*（示例）				
				工程技术措施	管理措施	培训教育措施	个体防护措施	应急处置措施	可能性 L	人员暴露时间长短 E	严重性 C	风险值 D	风险等级
7	拯救作业、路面巡查	坍塌	1. 隧道洞门、衬砌等结构存在大范围开裂、砌体断裂、脱落等现象。2. 因强降雨或山体崩塌造成路段、桥梁、隧道等发生坍塌事故	编制路段、桥梁、隧道、边坡养护方案	1. 制定安全操作规程，规范安全行为。2. 定期进行安全检查	定期开展安全操作培训，提高安全意识以及应急处置能力，作业前进行针对性的安全交底	—	制定应急预案，开展针对性应急演练，加强应急处置能力	0.5	2	7	7	较小
8	拯救作业、路面巡查	火灾	1. 电气设备短路电线裸露等造成火灾事故。2. 因雷暴天气引发火灾现象。3. 车载灭火器数量或气压不足。4. 发现被救援车辆起火时，未按照车辆事故处理流程作业。5. 火灾发生火灾事故后，未确认现场是否安全就进入隧道实施作业。6. 作业过程中未至少安排一名拯救队员实施现场警戒提醒工作	1. 配备齐全的应急救援设施。2. 隧道严重交通事故、较严重交通事故、造成两条以上车道封闭或两条以上车道故障或故障，且路政和交警赶到现场的情况下，待现场交警、消防、安监应急办相关部门安全确认作业现场处于安全状态后，才可进入隧道事故现场实施作业。3. 在实施过程中，火烧车辆易吊、拖曳过程易燃易爆品，至少安排一名拯救队员实施现场警戒提醒工作	1. 定期进行日常巡查，安全检查。2. 定期检查车载灭火器是否能正常运行，按要求配备灭火器。3. 发现车辆起火时，通知和交警中控部门，按照路段等相关火灾事故处理流程作业	定期对作业人员进行安全培训，提高安全意识以及应急处置能力，作业前进行针对性的安全交底	—	制定应急预案，开展针对性应急演练，加强应急处置能力	3	3	3	27	较小

续上表（示例）

| 序号 | 风险单元 | 风险事件 | 致险因素 | 管控措施 ||||| 风险评估* |||| 风险等级 |
				工程技术措施	管理措施	培训教育措施	个体防护措施	应急处置措施	可能性 L	人员暴漏时间长短 E	严重性 C	风险值 D	
9	拯救作业、路面巡查	中毒和窒息	1. 危险化学品运输车辆（剧毒）泄漏造成周边环境污染，拯救队员在现场吸入有毒气体，引发中毒事件。2. 发现危险化学品泄漏时，未按照危险化学品运输车辆处理流程作业。	1. 做好事故现场安全防护；拨打120救护、122报警、119火警电话。2. 进入有限空间前检测气体，配备通风设备。3. 发现危险化学品泄漏等情况，通知路段监控中心和交警等相关部门，按照危险化学品运输车辆处理流程作业。4. 隧道发生危险化学品运输车辆事故，较严重及以上车道封闭的事故或故障、目睹现场交警赶走现场交警、消防、路政、应急办等相关部门确认作业现场处于安全状态后，才可进入隧道事故现场实施作业	1. 定期检查拯救队员危险化学品安全防护用品的配备情况，发现缺损及时补充。2. 定期利用车载视频或监控查拯救队员在现场处置事故是否按要求做好安全防护工作	定期对作业人员进行安全培训，提高安全意识以及应急处置能力，作业前进行针对性的安全交底	配备防毒口罩和防护服	拯救队伍不定期组织开展实操演练	1	3	3	9	较小
10	...	...	...	...	...	...	...	...	...	...	...	...	...
11	...	...	...	...	...	...	...	...	...	...	...	...	...

注：*表示各高速公路运营单位根据所属路段作业活动的实际情况进行风险评估。

附录 C 运营高速公路风险管控工作清单

表 C 运营高速公路风险管控工作清单

单位名称：　　　　　　　　　　　　　制表人：　　　　　　　　审批人：　　　　　　　　日期：

序号	风险点			风险部位	风险名称	风险等级	是否重大风险①	管控措施（工程技术、管理措施、培训教育、个体防护、应急处置）	管控层级	责任单位	责任人
	编号	类型	名称								

说明：①重大风险参照交通运输部《关于深化防范化解安全生产重大风险工作的意见》（交安监发〔2021〕2 号）。

附录D 运营高速公路隐患排查要点

表 D-1 内业资料隐患排查要点

检查事项	检查内容及标准
安全制度	未成立领导小组或下设工作机构
	未及时识别、获取适用的安全生产法律法规、标准规范，未建立清单
	未建立安全生产管理制度或制度不健全、针对性和操作性不强
	未制定操作规程或操作规程不健全、针对性和操作性不强
	未按要求开展安全生产规章制度和操作规程的修订和评估
	安全生产制度或操作规程印发实施3个月内未开展宣贯
安全组织机构	未成立安委会或未及时调整安委会人员、未按要求召开每月至少一次的安全生产会议
	未设置独立的安全生产管理部门或部门不健全、安全生产管理职能不清晰
	未按要求配备专职安全生产人员、未发文聘任兼职安全生产管理人员
	管理机构到基层班组的管理网格不健全
安全生产责任制	未制定全员岗位、部门安全职责，职责不清晰、缺乏针对性，安全生产责任书签订范围未全员覆盖，未定期开展安全生产考核工作
	未与承包单位签订安全生产合同或协议
	人员不熟悉自身岗位安全职责，不具备一定的安全生产知识和技能
风险管控与隐患治理	未按要求开展风险辨识和评估工作，未建立风险清单、防控和应急措施，未按年度更新风险清单和防控措施
	未根据风险辨识评估结果，制定岗位、场所风险告知书，对从业人员进行风险告知；重大风险源制定安全管理方案并公示
	未按要求开展隐患排查治理
	针对存在的重大安全风险、重大事故隐患未制定治理方案
安全培训教育	未制定并实施年度安全生产教育培训计划或计划不完整
	未按规定经培训考核合格持证上岗或未按规定参加继续教育
	特种作业人员未持证上岗、未按规定参加继续教育、证书未按期进行复审
	从业人员未进行安全教育、考核不合格或培训学时不足；调岗或离岗6个月以上重新上岗的员工未重新接受安全教育培训或考核不合格上岗
	未按要求开展经常性安全培训教育，未开展"四新"教育、培训内容缺乏针对性

续上表

检查事项	检查内容及标准
安全费用管理	安全生产所需经费无足额预算、未制定年度使用计划
	安全生产费用使用不规范、未建立安全生产费用台账
	安全生产费用计提和支付违反相关规定
安全生产检查	未建立检查（隐患）清单或台账、安全检查记录缺失
	未定期开展安全生产检查或检查问题整改不闭环
应急管理	未建立应急管理机构，未及时调整应急管理机构、未配备必要的应急救援物资、未建立应急物资管理台账
	应急预案体系不完善，未按规定进行评审、发布或备案
	未按规定定期组织应急预案演练（每年组织不少于1次综合演练或专项演练，每半年组织不少于1次现场处置方案），未进行总结和评估，未按规定评估或修订预案
	未按应急预案和有关规定进行处置
事故管理	未执行事故快报制度
	若发生事故，未按事故"四不放过"原则处理执行，未协助事故调查及善后工作

表 D-2 路基路面段隐患排查要点

检查区域	检查部位	检查内容及标准
××方向 K××~ K×× 路基路面段	—	参照路基路面及沿线设施定期检测与调查报告结果
		路面破损状况指数不满足规范要求
		路面出现沉降导致路面不平（路面平整度IRI指数）
		车辙深度不满足规范要求（路面车辙RD）
		路面抗滑性能不满足规范要求（路面抗滑SFC）
		存在路面跳车现象
		存在路肩损坏现象
		存在路基构造物损坏现象
		存在路缘石损坏现象
		路基存在沉降、开裂
		路面存在排水不畅
		★重大事故隐患判定标准
	—	相关单位和个人违法从事采矿、采石、采砂、取土、爆破、抽取地下水、架设浮桥等作业，以及违法设立生产、储存、销售危险物品的场所、设施，危及重要公路基础设施安全的
		相关单位和个人在公路用地范围内焚烧物品或排放有毒有害污染物严重影响公路通行的
		相关单位和个人违法从事挖掘、占用、穿越、跨越、架设、埋设等涉路施工活动，危及重要公路基础设施安全的
		路侧计算净区宽度范围内有车辆可能驶入的高速铁路、高速公路、高压输电线塔、危险品储藏仓库等设施，未按建设期标准规范设置公路交通安全设施的

续上表

检查区域	检查部位	检查内容及标准
××方向 K××~ K×× 路基路面段	路面	路面有下沉、大片积水、排水不畅
		路面出现起伏较大的坑槽
		路面出现较宽裂缝（裂缝≥2mm）、严重车辙
		路面新增中、高度跳车路段（纵断面高差≥5cm）
		路面路肩不洁，杂物堆积、路基杂草是否阻挡排水
		纵向裂缝形态两端成弧形
		封缝后续开裂、裂缝继续延伸
		裂缝有错台（记录错台尺寸）
		其他
	横向排水槽	排水设施阻塞
		排水设施损坏
		排水设施不完善
		排水槽是否有其他安全隐患
		其他
	路肩	路肩缺损、倾倒，路肩出现20cm×10cm（长度×宽度）以上的缺口
		路缘石缺损导致出水冲刷边坡
		路肩阻挡路面排水
		没有急流槽的路段是否存在路肩高于路面，造成路面排水不畅
		其他
	急流槽	急流槽排水不顺畅，出入口堵塞
		急流槽错台、断裂
		其他
	路基	路缘石缺损导致出水冲刷边坡
		路基不均匀沉降
		路基纵向开裂
		其他
	沿线设施	标志、标线设置不完善或者设置错误
		标志标牌、广告牌缺失、破损，是否存在与现场矛盾的情况，有无违规设置的非公路标志
		标志标牌、广告牌松动、不稳定
		标志标牌被沿线的树木、杂草等遮挡
		标志标牌面及支柱是否变形、损坏
		标志标牌基础及底座是否下沉或变形
		标志标线破损、污染，失去反光性能，夜间可视性是否良好
		标线是否存在明显变形且范围较大

续上表

检查区域	检查部位	检查内容及标准
××方向 K××~ K×× 路基路面段	沿线设施	现场标线是否存在缺失，标线与标志信息是否存在矛盾
		道钉缺失，道钉破损或表面污染，失去反光性能
		龙门架体与护栏连接松动
		立面反光标记边缘破损严重，表面有明显变色和污染，失去反光性能
		轮廓标缺失和损坏数量超过总数的20%，角度偏移，失去反光性能
		防眩设施缺失或损坏
		照明设施损坏、缺失或出现故障
		闪灯、爆闪灯、同频黄闪灯、桥梁边缘灯故障、损坏、老化，失去功能
		隔声屏、声屏障破损，结构出现腐蚀、生锈，螺栓等构件出现松动等
		中央分隔带绿化植株有明显缺失
		隔离栅网有缺口
		浸塑网、水马出现损坏、缺失
		中央分隔带组合型护栏、新泽西护栏、钢护栏、防撞桶、防撞垫等防撞性能不好、未修复等
		路基护栏与隧道、桥梁搭接的过渡段连接处破损、螺栓松动、脱落、缺失
		波形护栏出现下沉、立柱基础有脱空、严重锈蚀等情况
		新泽西护栏出现下沉、错断、外倾变形等现象
		路基护栏与桥梁段护栏、隧道洞口护栏过渡段是否有缺口
		匝道属于急弯道、转弯半径小、路面狭窄、坡度较大等情况，未按标准规范和指南设置护栏、减速标线、视线诱导等交通安全设施
		分流端是否设置可导向防撞垫，与相连接的护栏在行车方向上是否保持线形平顺
		其他
	涵洞	路基边坡泡水出现反坡现象
		涵洞顶路面是否有明显下沉、纵向裂缝，尤其是靠外侧闭环的弧形裂缝
		涵顶填土是否从沉降缝处涌出
		盖板（管身）、涵台破损、变形、异常下挠、渗水、裂缝等
		圆管涵、箱涵涵身破损、沉降、裂缝、变形、渗水、位移、鼓肚等
		八字墙、一字墙、截水墙外倾、倾倒、破损、变形、沉降、位移、鼓肚、渗水等
		浆砌片石台身砌体是否出现松动、脱落、外鼓等情况
		混凝土台身（管身）是否有异常的变形、开裂
		涵内是否严重漏土、漏沙
		涵身接缝处是否有涌水、涌砂
		涵底铺砌开裂、损坏、冲刷
		涵底泥沙堆积
		涵洞附近填土流失、滑坡、冲刷

续上表

检查区域	检查部位	检查内容及标准
××方向 K××~ K×× 路基路面段	涵洞	标志、照明设备损坏
		进出水口是否堵塞，沉沙井有无淤积，洞内有无淤塞、冲刷及排水不畅
		进出口护坡、挡水墙、沉沙井、跌水、急流槽等是否完整
		进水口是否高于原地面或积水，出水口是否低于原地面
		洞口周围有杂物堆积，涵洞是否清洁
		交通标志及涵洞等其他附属构造物是否完好
		其他

表 D-3 桥梁隐患排查要点

检查区域	检查部位	检查内容及标准
××方向 K××~ K×× ××桥梁	—	参照桥梁定期检查报告结果
		墩身有竖裂、背墙开裂、墩台破损漏筋、钢筋锈蚀等现象
		排水沟被雨水冲刷破损、塌陷
		排水管脱节
		基础受到雨水冲刷后出现损坏、外露、悬空、下沉、生物腐蚀等现象
		翼（耳）墙存在开裂、倾斜、滑移、沉降、风化剥落和异常变形等现象
		桥面发生开裂、垮塌
		★重大事故隐患判定标准
	—	跨越大型饮用水水源一级保护区和高速铁路的桥梁以及特大悬索桥斜拉桥等缆索承重桥梁，未按建设期标准规范设置公路交通安全设施的
		沿线发现有桥梁技术状况评定为5类，尚未实施危桥改造且未封闭交通的
		沿线发现相关单位和个人利用公路桥梁进行牵拉、吊装等危及公路桥梁安全的
		沿线发现载运易燃、易爆、剧毒、放射性等危险物品的车辆，未经审批许可或未按审批许可的行驶时间、路线通过实施交通管制的特大型公路桥梁
	下部结构 桥墩、桥台	混凝土表观出现明显开裂、蜂窝麻面、剥落、露筋、空洞、锈蚀等现象
		桥墩桥台下沉、倾斜、开裂等异常变形
		浆砌片石墩台是否出现勾缝料脱落、开裂、外鼓变形等
		反光标志缺损或反光效果差

续上表

检查区域	检查部位		检查内容及标准
××方向 K××～ K×× ××桥梁	下部结构	桥墩、桥台	混凝土被剔蹭有缺损
			墩台顶面有堆放垃圾、杂物
			受到船只或车辆撞击而受损
			有下穿道路、航道的桥墩桥台的防撞设施破损、缺失
			独柱墩桥梁路段的收费站入口未有"治超"措施
			其他
		墩台基础	台身、盖梁、台帽及系梁有无开裂、蜂窝、麻面、剥落、露筋、空洞、锈蚀等现象
			墩台顶面是否清洁，有无杂物堆积
			桥台翼墙、侧墙、耳墙有无破损、裂缝、位移、鼓肚
			地基沉降导致桩基承载力不足
			基础是否发生冲刷、掏空、损坏、悬空、露筋、桩顶外露或缩颈现象
			台背填土有明显沉降或挤压隆起
			墩台有无明显的下沉、倾斜、损伤、开裂
			墩台是否受到洪水、泥石流冲击以及船或大的漂流物撞击等情况导致受损
			水中基础是否受到生物腐蚀
			扩大基础等浅基础是否下沉、开裂、淘空、倾斜、失效
			其他
		帽（盖）梁	混凝土表观出现明显开裂、剥落和露筋现象
			防震挡块顶死、开裂
			盖梁渗水、长青苔
			有施工垃圾等杂物堆放
			混凝土有明显开裂或渗水现象
			其他
		翼墙、耳墙	混凝土表观出现明显开裂、蜂窝麻面、空洞、异常变形、剥落和露筋现象
			出现明显位移、鼓肚现象，影响结构安全
			出现明显的混凝土风化剥落现象
			其他
		锥坡、护坡	构造物存在塌陷、铺砌面缺损、勾缝脱落等现象
			锥（护）坡有明显异常（开裂、沉降、鼓胀、塌陷）
			护坡有明显缺陷、冲刷、掏空

续上表

检查区域	检查部位		检查内容及标准
××方向 K××~ K×× ××桥梁	下部结构	锥坡、护坡	锥坡有明显异常（病害发生位置锥坡高度超过20m时应提升风险等级）
			锥坡附近铁丝网被人为破坏
			其他
	上部结构	主塔结构	表面出现明显开裂、变形
		拉索及附属构件	拉索及索扣等附属构件出现明显的锈蚀、开裂
			螺栓松动、脱落
			夹具锈蚀、老化、松动
		锚碇	锚碇外观有无明显病害，如裂缝、空洞等
			锚碇有无渗漏水、积水
			锚碇表面有青苔、杂草、灌木和污物
			锚碇混凝土出现剥落、蜂窝、麻面、裂缝、露筋等，锚碇及散索鞍、锚固区附近出现裂缝
		排水设施	泄水孔堵塞或破损，致使排水功能失效
			排水管缺失、脱落
			泄水管、引水槽有明显缺陷
			桥头排水设施排水能力不足，桥头积水排泄速度缓慢，影响行车安全
			台背填土中的排水设施（排水管）破损、排水不畅通
			其他
		主梁、主拱圈	底腹板出现裂缝
			主梁、主拱圈等是否存在明显下挠、变位、变形、开裂等情况
			有无存在横向连接系破损失效、支座脱空失效、挡块及限位装置严重破损等情况
			砌石主拱圈勾缝料是否严重脱落、拱脚材料是否严重老化、拱上建筑是否出现较大范围沉陷和开裂
			其他
		上部承重构件	混凝土开裂、露筋
			钢结构局部脱漆、锈蚀
			主梁出现明显裂缝或渗水
			底板出现横向裂缝、腹板出现斜裂缝
			其他
		支座	支座局部脱空、剪切变形、挡块及限位装置严重破损
			垫石破损

续上表

检查区域	检查部位		检查内容及标准
××方向 K××~ K×× ××桥梁	上部结构	支座	垫板锈蚀
			有明显异常（损伤、扭转、滑移等）
			其他
	桥面系	桥面	路面出现严重龟裂或纵横裂缝
			出现坑槽、拥包、剥落、错台、变形
			路面有大片积水、排水不畅
			路面出现较宽裂缝
			路面出现起伏较大的坑槽
			其他
		桥头搭板	出现桥头跳车现象
			搭板出现不均匀沉降
			其他
		排水设施	桥面泄水孔是否堵塞、桥面是否积水
			排水管是否破损缺失
			路基排水设施未与桥梁排水设施有效衔接
			桥下排水沟是否垮塌、水毁
		伸缩缝	出现错位、变形、淤塞泥沙、锈蚀等现象
			锚固混凝土开裂
			间距偏小或偏大
			橡胶带开裂、破损
			出现明显破损、错位、脱落、异常变形、漏水、失效等现象，杂物、淤泥、碎石堆积
			出现阻塞、卡死、失效现象
			其他
	交通安全设施及机电工程	防抛网、声屏障、防坠网	声屏障、防抛网、防坠网开裂、松动、缺失或破损
			其他
		龙门架	龙门架体与护栏结构的连接松动、不稳定
			其他
		标志、标线	标志、标线设置不完善或错误，或者存在遮挡
			标志标牌、广告牌松动、不稳定
			现场标志是否存在缺失，是否存在与现场矛盾的情况，有无违规设置的非公路标志
			标志标牌、广告牌、铭牌是否缺矢、破损污染，失去反光性能，夜间可视性是否良好
			标线是否存在明显变形且范围较大

续上表

检查区域	检查部位		检查内容及标准
××方向 K××~ K×× ××桥梁	交通安全设施及机电工程	标志、标线	现场标线是否存在缺失，标线与标志信息是否存在矛盾
			其他
		护栏	护栏防撞等级不够或者护栏破损
			出现缺失或明显开裂、破损
			混凝土护栏是否存在露筋开裂、下沉错断、外倾变形等情况
			泄水孔设置是否满足排水需求
			其他
		防撞设施	桥墩防撞设施破损严重或者缺失，失去防撞性能
			航标灯、航道灯损坏，不能正常照明
			其他
		照明设施	照明设施损坏、缺失或出现故障
			其他
		检修设施	检修通道锈蚀、损坏、螺栓松动
			其他
		防雷设施	破损或者缺失
			其他
		监测系统	通航桥梁视频监控系统出现故障、不能正常工作、画质不清晰
			其他
	其他	应急水池	蓄水量不足、水位过低
			水池结构破损、漏水
		检修道	主梁、主缆、拱圈、桥塔、墩台等检修通道的扶手、栏杆、爬梯、平台、盖板、承重件等钢构件锈蚀
			锚固件松动，撑杆等杆件有弯曲扭转
		检查桁车	轨道与主梁的连接松动
			检查桁车的行走系统、驱动系统、电气系统等异常
		桥头引道	存在明显冲刷、沉降、塌陷等情况
			引道路面是否出现纵向裂缝，尤其是弧形裂缝
			引道挡墙是否出现开裂、变形、外倾等
			浆砌片石结构的引道挡墙是否出现开裂、移位、鼓包、变形等病害
		桥头岸坡防护	桥头岸坡防护是否存在塌陷、滑移、失稳现象
			临河临崖挡土墙基础是否有淘空
			临河临崖挡土墙墙体是否有开裂、移位、鼓包、变形、不均匀沉降
	周围环境	上跨油气管道	出现油气泄漏
			其他

续上表

检查区域	检查部位		检查内容及标准
××方向 K××~ K×× ××桥梁	周围环境	上跨高铁立交桥	上跨立交桥交通安全设施损坏、老化
		河道	桥台及桥头引道是否明显侵占河道行洪空间
			河道主流方向是否与桥梁斜交，特别是斜交正做桥
			桥梁上下游范围内（《公路安全保护条例》规定特大型公路桥梁跨越的河道上游500m，下游3000m；大型公路桥梁跨越的河道上游500m，下游2000m；中小型公路桥梁跨越的河道上游500m，下游1000m）是否存在大规模采砂情况，特别是桥位河段河床是否已出现明显的整体冲刷下切
			桥下河床断面是否出现明显的冲刷或淤积
			河道内是否存在大量漂浮物及块石杂物等情况，墩前是否存在漂浮物堆积，桥孔是否曾被漂浮物堵塞
			桥下河床铺砌等防护措施是否完好
	地质灾害		桥梁跨越的沟道上游是否存在大量的松散堆积体，沟道地形是否陡峭，是否存在发生山洪、泥石流等风险
			桥下（侧）边坡是否有局部冲刷、坡体开裂、滑坡、落石等风险
			桥梁上游河道、山谷中是否存在外径1m以上的可动巨石
			其他

表 D-4 边坡隐患排查要点

检查区域	检查部位	检查内容及标准	
××方向 K××~ K××边坡 （病害发生位置边坡高度超过20m时应提升风险等级）	内业资料	路堑边坡	是否有满足规范要求的地质成果
			根据设计图纸，核查是否存在边坡处于长大缓坡地形、圈椅状地貌
			根据设计图纸，核查坡顶是否为反坡地形
			根据设计图纸，核查边坡上部是否具有村庄、房屋、高压线塔等重要构筑物
			根据设计图纸，检查路基横断面是否分级设置边坡，是否设置边坡平台，分级高度是否大于10m（检查路基横断面边坡坡率、平台宽度以及坡高设置是否合理）
			根据设计图纸，检查是否存在不合理的坡形，如剥山皮现象
			根据设计图纸，核查边坡是否有挡土墙、抗滑桩、锚索（杆）框架、棚洞等支挡结构
			施工期、养护期出现变更或垮塌的情况，是否存有补勘、变更设计图纸及计算资料
			根据设计图纸，核查排水主通道是否畅通，是否存在冲刷边坡的可能

续上表

检查区域	检查部位		检查内容及标准
××方向 K××~ K××边坡（病害发生位置边坡高度超过20m时应提升风险等级）	内业资料	路堑边坡	根据设计图纸，重点检查路堑边坡是否有堑顶截水沟、平台截水沟、边坡急流槽、边沟及下设盲沟
			根据设计图纸，核查是否存在断头沟的情况，低洼汇水处是否设置急流槽、跌水井
			根据设计图纸，地下水位较高的边坡是否设置仰斜式排水孔、边坡渗沟或集水井等地下水排水措施
			根据设计图纸，挡墙等支挡结构是否预留渗沟的出水口
			是否有路堑边坡稳定计算书、支挡结构计算书、排水计算书，已发生过滑坡（滑塌）工点（如有）计算方法是否适用
		路堤边坡	是否有满足规范要求的工程地质勘察成果
			根据设计图纸，核查斜坡路段的填方路堤靠山侧是否设置截水沟
			根据设计图纸，核查凹曲线底部、半填半挖、填平区等路段边沟排水是否顺畅；超高段路面排水系统是否完善
			根据设计图纸，核查沟谷路段的填方路堤是否设置涵洞，涵洞能否避免上游积水
			根据设计图纸，核查挡土墙、护脚基础埋深及有效襟边宽度是否满足规范要求，是否设置排水孔和反滤层
			根据设计图纸，核查沟谷上游填平区是否有截水沟，其下方路堤是否设置了环向和横向盲沟（或支撑渗沟），是否设置有纵横向排水沟，填平区填土是否有压实度要求（≥90%），填平区外侧是否设置环形沟
			根据设计图纸，核查沟谷下游填平区或弃土场是否阻碍路堤盲沟、支撑渗沟排水
			根据设计图纸，核查山坡陡于1:5的路段是否设置台阶；山坡陡于1:2.5且稳定性不足的路段，是否采取抗滑措施且稳定系数是否满足要求
			根据设计图纸，基底是否存在软弱层，其处治措施是否得当
			是否有路堤稳定计算书、挡土墙计算书、排水计算书
	格梁类防护结构		梁底脱空
			格梁受损
			格梁凹陷
			格梁开裂、变形、混凝土剥落、钢筋外露
			格梁脱空（主要针对检修步道两侧）、断裂、下错
			其他

续上表

检查区域	检查部位	检查内容及标准
××方向K××~K××边坡（病害发生位置边坡高度超过20m时应提升风险等级）	锚索类防护结构	护坡网锈蚀、破损，网柱松动，节扣松动
		框架整体结构破坏、错位
		框架裂缝、错动、架空、下沉
		喷锚脱落、开裂、钢筋锈蚀
		锚具脱离、锚索锈蚀、锚杆（索）断裂破坏
		混凝土锚头持续渗漏水、封锚破损，锚头锈蚀、变形开裂、松动或脱落
		锚索部分锚头脱落、飞锚
		锚垫板生锈
		其他
	挡墙类防护结构	挡墙稳定性不足
		挡墙体渗水、排水孔阻塞
		墙体裂缝、压顶破损、勾缝脱落、倾斜、剪切、鼓胀
		抗滑桩发生明显的倾斜，环向剪切
		抗滑桩桩身开裂、钢筋锈蚀、柱身断裂、露筋、倾斜、滑动、剪断等
		抗滑桩锚具脱离、锚索锈蚀
		挡墙体开裂、变形、露筋、渗水、基础隆起、下沉、滑移、冲刷，混凝土脱落、坡脚沉降、错台、侧向位移，挡墙整体倾覆、滑移
		其他
	圬工类防护结构	圬工结构破损、开裂
		圬工防护泄水孔阻塞
		浆砌护坡勾缝出现大面积脱落、渗水、变形、沉降
		混凝土护面墙裂缝、膨胀、拱起、钢筋锈蚀
		其他
	植被护坡	植被脱落、枯死
		坡面骨架等防护结构有无破损或出现挤推变形的迹象
		外观有明显破损、坡面冲刷严重
		其他
	检查通道	沉降、滑移
		其他
	排水设施	排水设施关键部位或进出口阻塞、破损，出水口变形
		坡面排水沟（等）内杂物堆积阻塞，有大量杂物、枯叶堆积（淤积超过15cm以上）

续上表

检查区域	检查部位		检查内容及标准
××方向 K××~ K××边坡（病害发生位置边坡高度超过20m时应提升风险等级）	排水设施		坡面排水沟（等）沟槽开裂破损、渗漏水，出现勾缝严重脱落，排水沟、截水沟、急流槽（尤其是坡体两侧填挖交界处）等设施破损
			坡面排水沟（等）沟槽脱空、滑移
			泄水孔、仰斜式排水孔是否堵塞
			泄水孔失效、地表排水系统汇水未汇入周边涵洞、与外部排水系统衔接不畅
			集水井侧壁排水孔是否排泄通畅，有无淤积堵塞，井壁变形破损
			其他
	坡体	坡面	坡面骨架等防护结构出现破损、出现挤推变形迹象（挤推变形在骨架的主肋处更为明显）
			坡面出现较大冲沟、溜塌
			坡面存在渗漏水现象、存在渗漏水痕迹
			出现明显坡面冲刷破损或流泥现象，影响边坡稳定（雨水冲刷坡面形成深度10cm以上的沟槽）
			出现明显鼓肚、下沉、局部坍塌、碎落崩塌、滑坡、冲刷病害等
			出现长、大纵向裂缝
			平台（含硬化封闭）出现开裂（受边坡变形影响产生的开裂）
			路面有无隆起、翘起或放射状的挤压裂缝
		坡体上方	坡体上方有无积水，有无水渠、水塘或人工活动造成的渗水
			有无长大纵向裂缝、圈椅状裂缝
			存在自然沟槽、填平区
			填平区是否设置截排水沟，截排水沟排水不畅
			有无孤石和危岩体
			是否设置有截水沟，截水沟与公路排水结构物是否衔接畅通
		坡脚	坡脚出现泡水现象、坡顶出现填土现象
			坡脚地面隆起、挤压变形、破碎、开裂
			坡脚存在剪切、鼓胀等变形现象
			水沟沟壁有倾倒
			坡脚存在渗漏水现象、存在渗漏水痕迹
		坡体（当岩质边坡或黄土路基边坡出现局部碎落崩塌后，坡面形成坑洞、缺陷等，但不影响路基边坡整体稳定和通行安全的，可不计）	堑顶出现明显裂缝，植物形态、动物活动异常、堑顶堆载
			异常地音（脆性岩石）、岩体风化、节理面变化
			存在碎落崩塌、局部坍塌、滑坡
			其他

续上表

检查区域	检查部位	检查内容及标准
××方向 K××~ K××边坡（病害发生位置边坡高度超过20m时应提升风险等级）	重点路堤边坡： 1. 陡坡路堤：上游侧设填平区路段、半填半挖路段、临水路段； 2. 高填路堤：基底软弱路段、路基填料为细粒土（水敏感性强）路段、临水路段（坡脚饱水软化）； 3. 临水（临河、临塘）路堤边坡	
	排水系统	路堤上游（含填平区）排水系统（上游侧路堤边坡坡脚排水沟、环形截水沟与排水沟）缺失或失效
		路侧边沟（含生态水沟）缺失或失效
		各种盲沟出口不通畅
		坡面急流槽缺失或竖向未连通、平台种植槽积水下渗、平台截水沟缺失、连接边沟与排水沟的急流槽缺失、坡脚排水沟缺失
		路堤边坡仰斜排水孔堵塞、缺失
		坡脚排水沟因高程过低无法有效排泄造成坡脚积水
		坡脚支挡结构物泄水孔堵塞、缺失
		圬工结构（坡脚挡墙、护面墙、护坡）及锚喷防护的泄水孔缺失
		抗滑桩、挡土墙、护脚、护坡是否设置排水孔，排水孔间距是否满足要求，排水孔是否有效
		中分带超高排水沟长度不足
		横向排水管设置不足、横向排水管出口急流槽缺失
		路侧凸起缘石设置长度不足
		路缘石开口（喇叭口）及对应的坡面急流槽设置不足
		涵洞出水口排水不顺畅或出水沟冲刷
	坡面防护工程	骨架破损或主肋挤推剪切，坡面剪切鼓胀或局部坍塌、平台下沉开裂等
	路面	边坡造成路面纵向裂缝、环向裂缝等
	强支护工程	挡墙外倾变形、错断、下沉、平移、脱空、泄水孔缺失或淤塞
		锚固工程框架格梁断裂、基底脱空、封锚混凝土破损、锚头脱落
		抗滑桩（桩板墙）桩身开裂、倾斜，桩后挂板脱空破损，挂板泄水孔缺失或淤塞等
	杂物	枯枝、碎石、土块堆积（台风天前未清理）被强风吹至行车道
		其他

表 D-5 隧道隐患排查要点

检查区域	检查部位	检查内容及标准
××方向 K××~ K×× ××隧道		★重大事故隐患判定
	—	隧道技术状况评定为5类，尚未实施危隧整治且未关闭隧道的
		沿线发现载运易燃、易爆、剧毒、放射性等危险物品的车辆，未经审批许可或未按审批许可的行驶时间、路线通过实施交通管制的特长公路隧道的
	洞口、洞门	洞口边坡、碎落台、护坡道出现缺口、冲沟、潜流涌水、沉陷、塌落等
		洞口护坡、挡土墙出现裂缝、断缝、倾斜、鼓肚、滑动、下沉，表面风化、泄水孔堵塞、墙后积水、地基错台

续上表

检查区域	检查部位	检查内容及标准
××方向 K××~ K×× ××隧道	洞口、洞门	洞口结构（含装饰层）存在大范围开裂、倾斜、沉陷、砌体断裂、脱落等现象
		边沟出现淤塞现象
		洞门存在严重开裂、倾斜、砌体断裂、脱落
		洞门与洞身连接处环向裂缝发展
		洞门混凝土起层、剥落，钢筋外露、锈蚀
		洞门墙背填料流失
		边（仰）坡是否存在开裂滑动、落石、泥石流、山洪等现象
		洞口排水设施排水不畅
		其他
	衬砌 （含横洞）	表层开裂、裂缝发展
		衬砌表层起层、剥落、掉块、崩落、碎落
		存在大面积空洞、厚度严重不足
		素混凝土二次衬砌外观缺陷和空洞、脱空病害
		有明显异常，存在大范围开裂、明显变形、错台、剥落等现象
		衬砌存在持续渗水、严重的渗漏水、涌水、突水突泥点或者渗漏水非常密集的区段
		地下水大规模涌流、喷射
		其他
	路面	路面拱起、沉陷、错台、开裂、渗水
		路面积水、结冰
		出现涌泥沙或大面积严重积水等威胁交通安全的现象
		存在严重渗水、积水、涌水、突水突泥点
		发现散落物或路面严重隆起、错台、断裂等现象
		其他
	检修道	盖板或竖墙破损
		栏杆变形、锈蚀、缺损
		盖板、竖墙、栏杆破损
		严重倾斜、错断等明显变形
		其他
	紧急停车带	有障碍物阻挡
		未见反光沙桶
		其他
	排水系统	中央窨井盖、边沟盖板等破损状况
		沟管开裂漏水
		排水沟（管）、积水井等淤积堵塞、沉沙、滞水、结冰

续上表

检查区域	检查部位	检查内容及标准
××方向 K××～ K×× ××隧道	排水系统	路面排水沟内杂物堆积阻塞
		路面排水沟盖板损坏
		其他
	吊顶及各种预埋件	吊顶板变形、缺损
		吊杆等预埋件破损、锈蚀、断裂、脱落
		出现漏水、挂冰现象
		吊顶板或预埋件断裂、变形或脱落等现象
	内装饰	装饰板变形、缺损、严重起鼓
		瓷砖松动脱落
		其他
	标志标线及轮廓标	外观缺损、表面脏污、连接件不牢固、是否明亮
		轮廓标、道钉外观缺损、模糊
		标牌连接处不牢固
		其他
	竖井（斜井）风道	自然通风不畅
		井道结构物损坏
		其他

表 D-6　办公区及生活区隐患排查要点

检查区域	检查部位	检查事项	检查内容及标准
××办公区及生活区		一般要求	建筑物、充电设施防雷设施的防雷检测报告（每三年所有防雷设施轮检一次）
			仓库无易燃易爆物品，或设置易燃易爆物品专用仓库
			消防通道无堵塞
	消防设施设备	系统	消火栓按钮可以正常启动消防水泵供水
		消火栓	1. 室外消火栓（箱）： （1）外观完好、醒目，无锈蚀和漏水等现象； （2）消火栓的标识清晰（消防识别标识、使用方法标识）； （3）消火栓的维护保养记录齐全、规范； （4）消火栓的清洁、设备完整； （5）栓口盖子便于取下，消火栓阀门开启灵活、无卡涩； （6）出水口闷盖密封，无缺损； （7）栓体外表油漆完好、无脱落、锈蚀； （8）消火栓阀门井完好； （9）消火栓进行出水试验（水源充足，供水压力从地面算起不小于0.1MPa，水源无杂志、异味，水枪喷射无堵塞）； （10）消防水带、水枪无老化、破损、粘连； （11）消防水带设置直径和长度（65mm或80mm）和（25m或20m）等规格符合要求，接口牢固；

续上表

检查区域	检查部位	检查事项	检查内容及标准
××办公区及生活区	消防设施设备	消火栓	（12）连接水带并加压后，栓口接头无明显漏水。 2. 室内消火栓（箱）： （1）消火栓箱内设备齐全，无老化、破损、霉变； （2）外观检查，管道、阀门无漏水，阀门位于开启状态； （3）消火栓逐一进行出水试验（水源充足，水源无杂志、异味，水枪喷射无堵塞）； （4）消防水带、水枪无老化、破损、粘连； （5）消防水带设置直径和长度（65mm或80mm）和（25m或20m）等规格符合要求，接口牢固； （6）破玻按钮外观无破损，远程启动水泵测试； （7）水泵控制箱所处控制状态正确； （8）消防水泵手动、自动状态下启动试验； （9）配置当量喷嘴直径16mm或19mm的消防水枪，但当消火栓设计流量为2.5L/s时宜配置当量喷嘴直径11mm或13mm的消防水枪； （10）消火栓自动止回阀正常，能够保持正常的水压（消火栓栓口动压力不应小于0.25MPa，不应大于0.50MPa，若大于0.5MPa，则应设置减压装置，可通过消火栓系统测压试水装置进行检测压力）； （11）电动机无损伤、锈蚀，机械性能良好； （12）水泵轴与电动机连接部位无松动、变形、损伤和严重锈蚀； （13）轴承润滑油足够，油污不被严重污染、变质，用手测试轴承转动正常； （14）继电器无脱落、松动，接触器接点正常； （15）消火栓的维护保养记录是否齐全、规范。 （★以下消火栓检查内容同上）
		灭火器和自救呼吸器	自救呼吸器检查： 自救呼吸器，封签完好并在有效期内。 灭火器检查： （1）灭火器是否放置在指定区域并设置明显标示； （2）灭火器的铭牌是否朝外，并且器头宜向上； （3）灭火器的类型、规格、灭火级别和配置数量是否符合配置设计要求； （4）室外灭火器是否有防雨、防晒等保护措施； （5）灭火器周围是否存在障碍物、遮挡、拴系等影响取用的现象； （6）灭火器箱内是否干燥、清洁； （7）灭火器的铭牌是否无残缺，清晰明了，操作说明是否齐全； （8）灭火器的配件如喷嘴、压把、插销是否完好，未损坏、脱落或遗失； （9）灭火器的筒体是否无明显的损伤（硫伤、划伤）、缺陷、锈蚀（特别是筒底和焊缝）、泄漏； （10）灭火器喷射软管是否完好、无明显龟裂，喷嘴不堵塞； （11）灭火器的压力指示器是否指示在绿区范围内，并在有效期内； （12）灭火器的维护保养记录是否齐全、规范。 （★以下灭火器检查内容同上）

续上表

检查区域	检查部位	检查事项	检查内容及标准
××办公区及生活区	消防设施设备	火灾报警器（宿舍）	（1）外观无损坏、异常；安装位置没有被物体挡住或者遮盖； （2）控制器自检正常，显示面板无故障； （3）测试报警、故障提示、消声等功能正常
		消防应急照明灯具	（1）外观完好，无破损、变形、老化现象； （2）"主电"显示绿灯，利用"试验"按钮，测试工作状态转变和供电等情况，断电后，供电时间大于90min； （3）维护保养记录齐全、规范
		疏散通道	（1）通道畅通； （2）通道内无易燃易爆等物品堆放
		消防水池	（1）消防水池应设置就地水位显示装置，并应在消防控制中心或值班室等地点设置显示消防水池水位的装置，同时应有最高和最低报警水位； （2）高位消防水池的最低有效水位应能满足其所服务的水灭火设施所需的工作压力和流量，且其有效容积应满足火灾延续时间内所需消防用水量； （3）消防水池的水位保持消防用水量，存在共用时，应有保证消防用水量的技术措施； （4）水位标尺正常工作； （5）水池各种阀门处于正常状态
		其他	
	办公楼	消火栓系统	消火栓按钮可以正常启动消防水泵供水
		消火栓箱	室内消火栓（箱）参照消防设施设备消火栓检查内容
		消防应急照明灯具	各功能室、楼梯间、疏散通道、面积大于200m²的房间（如大会议室和多功能厅）等人员密集场所，应设置应急疏散照明灯和安全指示标识
			（1）外观完好，无破损、变形、老化现象； （2）"主电"显示绿灯，利用"试验"按钮，测试工作状态转变和供电等情况，断电后，供电时间大于90min； （3）维护保养记录齐全、规范
		灭火器和自救呼吸器	（1）楼道（含疏散通道）、楼梯间，每25m（含25m内）至少配：4kg干粉灭火器2具和自救呼吸器2个； （2）各功能室，每75m²至少配：4kg干粉灭火器2具和自救呼吸器2个； （3）自救呼吸器，封签完好并在有效期内； （4）灭火器参照消防设施设备灭火器检查内容
		档案室	（1）每75m²（含75m²内）至少配：4kg干粉灭火器（用于初期火灾）2具和自救呼吸器2个； （2）自救呼吸器，封签完好并在有效期内； （3）灭火器参照消防设施设备灭火器检查内容

续上表

检查区域	检查部位	检查事项	检查内容及标准
××办公区及生活区	办公楼	档案室	（1）应设置气体（七氟丙烷或气溶胶）灭火系统（自动）； （2）设备外观完好（巡检灯闪亮，电源灯常亮，转换盒设置为自动且绿灯常亮）； （3）灭火剂处于有效期内； （4）气体灭火系统，全面检测，包括性能测试等
		监控大厅	（1）每75m²（含75m²内）至少配：4kg干粉灭火器（用于初期火灾）2具和自救呼吸器2个； （2）自救呼吸器，封签完好并在有效期内； （3）灭火器参照消防设施设备灭火器检查内容
			平开门在断电情况下，能打开
		数据机房	（1）每75m²（含75m²内）至少配：4kg干粉灭火器（用于初期火灾）2具和自救呼吸器2个； （2）自救呼吸器，封签完好并在有效期内； （3）灭火器参照消防设施设备灭火器检查内容
			（1）设置气体（七氟丙烷或气溶胶）灭火系统（自动）； （2）设备外观完好（巡检灯闪亮，电源灯常亮，转换盒设置为自动且绿灯常亮）； （3）灭火剂处于有效期内； （4）气体灭火系统，全面检测，包括性能测试等
		办公室	（1）电线无乱拉、老化、绝缘损坏、电线裸露等现象； （2）大功率电气设备使用专用线路、插座和插头； （3）不在充电时，充电插头应拔下； （4）插座插孔不存在变色变形和私接乱接，没有放置在床铺等可燃物品上
		排烟设施	面积大于100m²且经常有人停留的房间（如大餐厅、监控大厅、大会议室、多功能厅等）
			长度大于20m的内走廊
			面积大于50m²，且经常有人停留或可燃物比较多，且无开启外窗的房间（如仓库）
		紧急疏散标志	（1）安全疏散指示标志应牢固、无遮挡； （2）疏散指示的方向应准确、清晰
			其他
	宿舍楼	消火栓系统	消火栓按钮可以正常启动消防水泵供水
		消火栓箱	室内消火栓（箱）参照消防设施设备消火栓检查内容
		消防应急照明灯具	（1）各功能室、楼梯间、疏散通道、面积大于200m²的房间等人员密集场所，应设置应急疏散照明灯和安全出口指示标识； （2）外观完好，无破损、变形、老化现象； （3）"主电"显示绿灯，利用"试验"按钮，测试工作状态转变和供电等情况，断电后，供电时间大于90min； （4）维护保养记录齐全、规范

续上表

检查区域	检查部位	检查事项	检查内容及标准
××办公区及生活区	宿舍楼	灭火器和自救呼吸器	楼道（含疏散通道）、楼梯间，每25m至少配：4kg干粉灭火器2具和自救呼吸器2个
			各功能室，每75m²（含75m²内）至少配：4kg干粉灭火器2具和自救呼吸器2个
			自救呼吸器，封签完好并在有效期内
			灭火器参照消防设施设备灭火器检查内容
		紧急疏散标志	（1）安全疏散指示标志应牢固、无遮挡； （2）疏散指示的方向应准确、清晰
		宿舍房间	（1）电线无乱拉、老化、绝缘损坏、电线裸露等现象； （2）大功率电气设备使用专用线路、插座和插头； （3）不充电时，充电插头应拔下； （4）插座插孔不存在变色变形和私接乱接，没有放置在床铺等可燃物品上
		消防水泵接合器	6层及以上并设置室内消火栓系统的宿舍楼，应设消防水泵接合器，便于消防车辆供水
			消防水泵接合器外观正常、醒目
	服务楼（餐厅、多功能室、生活区）	灭火器和自救呼吸器	各功能室，每75m²（含75m²内）至少配：4kg干粉灭火器2具和自救呼吸器2个
			自救呼吸器，封签完好并在有效期内
			灭火器参照消防设施设备灭火器检查内容
		消防应急照明灯具	（1）应设置应急疏散照明灯和安全出口指示标识； （2）外观完好，无破损、变形、老化现象； （3）"主电"显示绿灯，利用"试验"按钮，测试工作状态转变和供电等情况，断电后，供电时间大于90min； （4）维护保养记录齐全、规范
		文体设施	（1）健身器材有张贴明显的操作规程； （2）健身器材干净、摆放正确
		其他	
	服务楼（厨房）	系统	（1）设置可燃气体探测器，在阀门、管道接口、出气口或易泄漏处附近方圆4m²的范围内，以及气体容易泄漏、易流经、滞留的场所，并尽量避免高温、高湿环境； （2）可燃气体检测探头安装方式：房顶吊装、墙壁安装或抱管安装； （3）可燃气体检测探头安装高度：天然气、城市煤气等相对密度小于空气，距屋顶1m左右安装，液化石油气等相对密度大于空气，距地面30~60cm高度安装； （4）可燃气体探测器，外观完好、无损坏或变形，自检试验功能正常，至少每年标定1次

续上表

检查区域	检查部位	检查事项	检查内容及标准
××办公区及生活区	服务楼（厨房）	灭火器和自救呼吸器	厨房每55m²（含55m²内）至少配置4具4kg干粉灭火器和自救呼吸器2个
			自救呼吸器，封签完好并在有效期内
			灭火器参照消防设施设备灭火器检查内容
		消火栓箱	室内消火栓（箱）参照消防设施设备消火栓检查内容
		消防应急照明灯具	（1）厨房等人员密集场所，应设置应急疏散照明灯和安全出口指示标识； （2）外观完好，无破损、变形、老化现象； （3）"主电"显示绿灯，利用"试验"按钮，测试工作状态转变和供电等情况，断电后，供电时间大于90min； （4）维护保养记录齐全、规范
		卫生	（1）冰柜无异味、生熟分离； （2）厨房操作间通风良好、地面无积水、油渍； （3）食品按规定进行48h留样（每样至少留样100g），并做好标记和记录
		管路	（1）燃气管路连接牢固，不存在锈蚀、老化、烧损、开裂漏气，连接阀门、卡子没有损坏等； （2）燃气软管长度不超2m，没有穿墙、楼板、天花板、门、窗等，没有使用管件进行分支
		灶台	（1）灶台附近安装油烟净化器，并定期对油脂槽进行清理； （2）灶台附近至少有2块灭火毯； （3）灶台周围和上方没有杂物和易燃物品
		线路	（1）各插座外观完好，性能正常，不存在变形、变色、烧毁等情况； （2）外露的电线电缆表面没有绝缘破损现象，接头没有破损和裸露； （3）电线没有乱拉，大功率电气设备使用专用线路、插座和插头，没有超负荷运行等现象； （4）使用电力的厨房设备，安装漏电开关，接地可靠，设备不漏水
		其他	同一房间内不得使用两种及以上气源
			（1）食堂获得食品经营许可证； （2）制定饭堂日常管理制度、厨房设备操作规程等并制度上墙
	气瓶间	系统	（1）设置可燃气体探测器，在阀门、管道接口、出气口或易泄漏处附近方圆4m²的范围内，以及气体容易泄漏、易流经、滞留的场所，并尽量避免高温、高湿环境； （2）可燃气体检测探头安装方式：房顶吊装、墙壁安装或抱管安装； （3）可燃气体检测探头安装高度：天然气、城市煤气等相对密度小于空气，距屋顶1m左右安装，液化石油气等相对密度大于空气，距地面30~60cm高度安装； （4）可燃气体探测器，外观完好、无损坏或变形，自检试验功能正常，至少每年标定1次

续上表

检查区域	检查部位	检查事项	检查内容及标准
××办公区及生活区	气瓶间	储量	（1）存瓶总质量超过100kg（折合2瓶50kg或7瓶以上15kg气瓶）时，应当设置专用气瓶间； （2）存瓶总质量小于420kg（或1m³）时，气瓶间可以设置在与用气建筑相邻的单层专用房间内； （3）存瓶总质量大于420kg（或1m³）时，气瓶间应当独立设置并与其他民用建筑间距大于10m
		灭火器和自救呼吸器	至少配备4kg悬挂式球形灭火器1个和自救呼吸器2个
			自救呼吸器，封签完好并在有效期内
			灭火器参照消防设施设备灭火器检查内容
		钢瓶	（1）液化石油气钢瓶减压器正常使用期限为5年，密封圈正常使用期限为3年，到期应当立即更换并记录； （2）气瓶供应商应有相应资质
		其他	除了气瓶和相关设备，不应堆放其他物品，空瓶和实瓶应分开放置
			气瓶间外设置安全警示标志和标牌，设置门禁系统和通风排烟设备
			防爆灯和防爆风扇应正常使用
			放置气瓶房间内不得堆放易燃易爆物品和使用明火
			应当使用防爆型照明等电气设备，电器开关设置在室外
			安全巡查记录表
		其他	
	储油间	灭火器和自救呼吸器	（1）至少配4kg干粉灭火器2具和35kg推车式干粉灭火器1具，自救呼吸器2个； （2）自救呼吸器，封签完好并在有效期内； （3）灭火器参照消防设施设备灭火器检查内容
		储油量	（1）总储存量不应大于1m³，储油量满足机组持续运行不小于3h，且防静电接地良好； （2）储油间除油箱外，无其他储油设备，储油间应设置门槛，门槛的高度需保证油罐的油全部从油罐外溢后也不会漫过门槛
		门窗	（1）防火门处于常闭状态、朝外开启、门锁完好、接地； （2）设置防止雨、雪和小动物从窗、门、桥架、电缆保护管等进入室内的设施； （3）出入口设置0.5m高的挡鼠板和高150mm的不燃烧、不渗漏的门槛，不设地漏，留有进风口
		其他	
	发电机房	消防系统	设置气体（七氟丙烷或气溶胶）灭火系统（自动）
			（1）设备外观完好（巡检灯闪亮，电源灯常亮，转换盒设置为自动且绿灯常亮）； （2）灭火剂处于有效期内
			气体灭火系统，全面检测，包括性能测试等

续上表

检查区域	检查部位	检查事项	检查内容及标准
××办公区及生活区	发电机房	灭火器和自救呼吸器	(1) 每75m²（含75m²以内）至少配置2具4kg手提式干粉灭火器和35kg推车式干粉灭火器1具，自救呼吸器2个； (2) 自救呼吸器，封签完好并在有效期内； (3) 灭火器参照消防设施设备灭火器检查内容
		发电机	(1) 面板仪表信号正常； (2) 各部件外观完好，不存在过热、老化、开裂、变形、变色、损坏等异常情况； (3) 柴油液位、冷却水液位、机油液位、压力等正常； (4) 散热通风装置能正常运行； (5) 皮带、电缆电线没有下落、断裂等现象； (6) 电池连线及电池桩头连接可靠、电池电解液液位合理、电瓶电压正常； (7) 设备可靠接地
		消防应急照明灯具	(1) 应设置应急疏散照明灯和安全出口指示标识； (2) 外观完好，无破损、变形、老化现象； (3) "主电"显示绿灯，利用"试验"按钮，测试工作状态转变和供电等情况，断电后，供电时间大于90min； (4) 维护保养记录齐全、规范
		出入口	(1) 防火门处于常闭状态、朝外开启、门锁完好、接地； (2) 设置防止雨、雪和小动物从窗、门、桥架、电缆保护管等进入室内的设施； (3) 出入口设置0.5m高的挡鼠板和高150mm的不燃烧、不渗漏的门槛，不设地漏，留有进风口
		绝缘垫	应设绝缘垫，且干净、整洁，未发生位移
		警戒标识	各类警示标识齐全、清晰准确
		疏散通道	(1) 通道畅通； (2) 通道内无易燃易爆物品
		自带储油仓	(1) 油箱的下部应设置防止油品流散的设施； (2) 储油间的储油量，满足机组持续运行不小于3h，体积不大于1m³，且防静电接地良好，储油间应采用耐火极限不低于3h的防火隔墙与发电机间分隔
		其他	
	配电房	消防系统	设置气体（七氟丙烷或气溶胶）灭火系统（自动）
			(1) 设备外观完好（巡检灯闪亮，电源灯常亮，转换盒设置为自动且绿灯常亮）； (2) 灭火剂处于有效期内
			气体灭火系统，全面检测，包括性能测试等
		灭火器和自救呼吸器	(1) 每75m²（含75m²以内）至少配置2具4kg手提式干粉灭火器和35kg推车式干粉灭火器1具，自救呼吸器2个； (2) 自救呼吸器，封签完好，并在有效期内； (3) 灭火器参照消防设施设备灭火器检查内容

续上表

检查区域	检查部位	检查事项	检查内容及标准
××办公区及生活区	配电房	绝缘垫	（1）绝缘垫干净、整洁，未发生位移； （2）各类警示标识齐全、清晰准确； （3）防火门处于常闭状态、朝外开启、门锁完好、接地； （4）设置防止雨、雪和小动物从窗、门、桥架、电缆保护管等进入室内的设施； （5）出入口设置0.5m高的挡鼠板
		警戒标识	
		出入口	
		消防应急照明灯具	（1）应设置应急疏散照明灯和安全出口指示标识； （2）外观完好，无破损、变形、老化现象； （3）"主电"显示绿灯，利用"试验"按钮，测试工作状态转变和供电等情况，断电后，供电时间大于90min； （4）维护保养记录齐全、规范
		高低压柜	（1）设备工作状态、面板仪表信号正常，不存在异响、异味； （2）各部件外观完好，没有过热变色、绝缘老化、温度异常、闪络放电痕迹、损坏变形等； （3）开关实际位置与指示位置和运行方式相符； （4）弹簧储能机构指示正常、位置正确； （5）各处不存在松脱现象，没有积尘、锈蚀和放置杂物； （6）设备铭牌双重标识清晰、完整； （7）电路末端电压降没有超出规定要求； （8）运行中三相负荷平衡、三相电压相同； （9）高低压配电装置的操作区、维护通道铺设绝缘胶垫
		室内工具箱	室内温度和湿度在合适的范围内
			高压室操作器具：绝缘手套1双、绝缘鞋1双、验电笔1支、接地线（变电型）1组、防电弧面具1个、安全遮拦4组，"在此工作""从此进出""禁止合闸、有人工作"安全标志各5块等
		室外警告标志	变配电室外设置警告标志，防止无关人员误入
		其他	
	消防水池、生活用水水箱和水泵房	灭火器和自救呼吸器	（1）建筑面积每75m²（含75m²以内）至少配置2具4kg手提式干粉灭火器和自救呼吸器2个； （2）自救呼吸器，封签完好并在有效期内； （3）灭火器参照消防设施设备灭火器检查内容
		消防应急照明灯具	（1）应设置应急疏散照明灯和安全出口指示标识； （2）外观完好，无破损、变形、老化现象； （3）"主电"显示绿灯，利用"试验"按钮，测试工作状态转变和供电等情况，断电后，供电时间大于90min； （4）维护保养记录齐全、规范
		水泵和控制柜	（1）消防水泵应处在自动启泵状态，不应设置自动停泵功能，应能手动启停和自动启动； （2）水泵电机工作状态正常，流量、电流等参数正常、无异响； （3）日常维护保养记录，设备无锈蚀、污垢； （4）消防水泵控制柜应设置机械应急启泵功能，水泵控制柜的显示功能（电压、电流、故障等）正常

续上表

检查区域	检查部位	检查事项	检查内容及标准
××办公区及生活区	消防水池、生活用水水箱和水泵房	疏散通道	（1）水泵房通道畅通； （2）内无易燃易爆物品； （3）水泵房内电器线路无私拉乱接现象
		消防水池	（1）消防水池应设置就地水位显示装置，并在监控中心设置显示消防水池水位的装置，同时应有最高和最低报警水位； （2）高位消防水池的最低有效水位应能满足其所服务的水灭火设施所需的工作压力和流量，且其有效容积应满足火灾延续时间内所需消防用水量； （3）消防水池的水位保持消防用水量，存在共用时，应有保证消防用水量的技术措施； （4）水位标尺正常工作； （5）水池各种阀门处于正常状态
		警戒标识	各类警示标识齐全、清晰准确
		出入口	（1）防火门处于常闭状态、朝外开启； （2）出入口设置0.5m高的挡鼠板
		其他	消防管道有水流指示方向，阀门有标志、无滴水、漏水现象
			管道穿墙穿楼板有防护套管，套管与管道的间隙用不燃材料封堵
			水泵房内电缆桥架应高位安装，其顶部距梁底或顶板宜为0.15m
			生活用水水箱房间，设置门禁和监控摄像头
			设置高度150mm的门槛和不少于1%的坡度进行排水
	场区停车区		其他
			场区消防栓+水带的射流，能覆盖灭火最不利点
		消火栓	（1）消火栓应配备消防箱：20m或25m消防水带1条，消防水枪和扳手； （2）消防箱内的扳手、消防水带和水枪等无老化、破损、粘连； （3）各种接头的垫圈完好
			室外消火栓（箱）参照消防设施设备消火栓检查内容
		灭火器和自救呼吸器	停车区，每60个车位（含60个以内；60~120个，按120个计）至少配35kg推车式干粉灭火器1具和自救呼吸器2个
			自救呼吸器，封签完好并在有效期内
			灭火器参照消防设施设备灭火器检查内容
	充电设施区域	消火栓	（1）充电区域周围应设置消火栓，其设置间距应满足在消防救援时安全、方便取水和供水的要求。消火栓宜沿停车场周边设置，场区消防栓+水带的射流，能覆盖灭火最不利点，且与最近一排汽车的距离不宜小于7m，不宜大于40m； （2）每500m²（含500m²内）至少配置1个室外消火栓及1个消防器材箱； （3）消火栓应配备消防箱：20m或25m消防水带1条，消防水枪和扳手； （4）消防箱内的扳手、消防水带和水枪等无老化、破损、粘连； （5）各种接头的垫圈完好
			室外消火栓（箱）参照消防设施设备消火栓检查内容

续上表

检查区域	检查部位	检查事项	检查内容及标准
××办公区及生活区	充电设施区域	灭火器和自救呼吸器	（1）每2个（含1个）充电桩配备4kg干粉灭火器（用于初期火灾）2具且置于箱内，自救呼吸器2个； （2）每500m^2（含500m^2内）充电面积至少配备60L水基型灭火器（E类）1具
			自救呼吸器，封签完好并在有效期内
			灭火器参照消防设施设备灭火器检查内容
		配电系统	应设置电气火灾监控系统或剩余电流保护装置
			末端配电回路应设置限流式电气防火保护器
		停车标志标识	（1）停车区域标志标识（禁止、警示、提示等）清晰； （2）场地整洁、干净
		其他	场区有视频安防监控系统和照明设施，且运行正常
			充电站雨棚基础、支架和膜结构等，牢靠、无损坏，外观正常
			停车位的车档无损坏变形、车位划线清晰
		充电桩外观	桩体外壳正常，无破损、变形、锈蚀，基础牢靠，没有损坏、开裂、倾斜
			充电枪接口有防护罩，枪头插在枪位内且内部无残留水，充电枪插拔正常，枪头按钮、枪线无损坏
			显示屏正常（含人机界面是否清晰可辨识），屏上信号正常显示
			电源指示灯、故障指示灯、充电指示灯等，正常显示
			桩门锁正常，紧急按钮完好，可通过旋钮复原
			桩体相关标识和操作说明，清晰完整
	AED（自动体外除颤器）设备	AED	（1）外观完好无损坏，没有明显磨损、裂纹； （2）AED电源充足，电池是否在有效期内； （3）电极片在有效期内、无损坏； （4）AED启动、自检和放电功能检查正常； （5）AED的警报声音和指示灯正常工作
	仓库	灭火器和自救呼吸器	每75m^2（含75m^2内）至少配：4kg干粉灭火器2具；自救呼吸器2个
			自救呼吸器，封签完好并在有效期内
			灭火器参照消防设施设备灭火器检查内容
		消防应急照明灯具	应设置应急疏散照明灯和安全出口指示标识
			（1）外观完好，无破损、变形、老化现象； （2）"主电"显示绿灯，利用"试验"按钮，测试工作状态转变和供电等情况，断电后，供电时间大于90min； （3）维护保养记录齐全、规范
		物资	各类养护或应急物资使用货架分类存放，并建立动态台账
			易燃易爆有毒物品，设独立专用仓库存放

续上表

检查区域	检查部位	检查事项	检查内容及标准
××办公区及生活区	污水处理设施	通风装置	通风装置是否正常运行
		救援装置	救援装置（吊升装置）是否齐全
		制度	作业前是否进行培训、交底
		气体检测装置	气体检测装置是否正常工作（固定式气体检测装置每年进行一次标定，便携式气体检测仪器每半年进行一次标定）
		其他	

表 D-7 收费站隐患排查要点

检查区域	检查部位	检查事项	检查内容及标准
××方向收费站		一般要求	建筑物防雷设施的防雷检测报告（每三年所有防雷设施轮检一次）
			仓库无易燃易爆物品，或易燃易爆物品设置专用仓库存放
			消防通道无堵塞
	消防设施设备	消火栓（箱）	1. 室外消火栓（箱）： （1）外观完好、醒目，无锈蚀和漏水等现象； （2）消火栓的标识清晰（消防识别标识、使用方法标识）； （3）消火栓的维护保养记录齐全、规范； （4）消火栓的清洁、设备完整； （5）栓口盖子便于取下，消火栓阀门开启灵活、无卡涩； （6）出水口闷盖密封，无缺损； （7）栓体外表油漆完好，无脱落、锈蚀； （8）消火栓阀门井完好； （9）消火栓进行出水试验（水源充足，供水压力从地面算起不小于 0.1MPa，水源无杂志、异味，水枪喷射无堵塞）； （10）消防水带、水枪无老化、破损、粘连； （11）消防水带设置直径和长度（65mm 或 80mm）和（25m 或 20m）等规格符合要求，接口牢固； （12）连接水带并加压后，栓口接头无明显漏水。 2. 室内消火栓（箱）： （1）消火栓箱内设备齐全，无老化、破损、霉变； （2）外观检查，管道、阀门无漏水，阀门位于开启状态； （3）消火栓逐一进行出水试验（水源充足，水源无杂志、异味，水枪喷射无堵塞）； （4）消防水带、水枪无老化、破损、粘连； （5）消防水带设置直径和长度（65mm 或 80mm）和（25m 或 20m）等规格符合要求，接口牢固； （6）破玻按钮外观无破损，远程启动水泵测试； （7）水泵控制箱所处控制状态正确； （8）消防水泵手动、自动状态下启动试验； （9）配置当量喷嘴直径 16mm 或 19mm 的消防水枪，但当消火栓设计流量为 2.5L/s 时宜配置当量喷嘴直径 11mm 或 13mm 的消防水枪； （10）消火栓自动止回阀正常，能够保持正常的水压（消火栓栓口动压力不应小于 0.25MPa，不应大于 0.50MPa，若大于 0.5MPa，则应设置减压装置，可通过消火栓系统测压试水装置进行检测压力）； （11）电动机无损伤、锈蚀，机械性能良好；

续上表

检查区域	检查部位	检查事项	检查内容及标准
××方向收费站	消防设施设备	消火栓（箱）	（12）水泵轴与电动机连接部位无松动、变形、损伤和严重锈蚀； （13）轴承润滑油足够，油污不被严重污染、变质，用手测试轴承转动正常； （14）继电器无脱落、松动，接触器接点正常； （15）消火栓的维护保养记录是否齐全、规范。 （★以下消火栓检查内容同上）
		灭火器和自救呼吸器	自救呼吸器检查： 自救呼吸器，封签完好并在有效期内。 灭火器检查： （1）灭火器是否放置在指定区域并设置明显标示； （2）灭火器的铭牌是否朝外，并且器头宜向上； （3）灭火器的类型、规格、灭火级别和配置数量是否符合配置设计要求； （4）室外灭火器是否有防雨、防晒等保护措施； （5）灭火器周围是否存在障碍物、遮挡、拴系等影响取用的现象； （6）灭火器箱内是否干燥、清洁； （7）灭火器的铭牌是否无残缺，清晰明了，操作说明是否齐全； （8）灭火器的配件如喷嘴、压把、插销是否完好，未损坏、脱落或遗失； （9）灭火器的筒体是否无明显的损伤（硫伤、划伤）、缺陷、锈蚀（特别是筒底和焊缝）、泄漏； （10）灭火器喷射软管是否完好、无明显龟裂，喷嘴不堵塞； （11）灭火器的压力指示器是否指示在绿区范围内，并在有效期内； （12）灭火器的维护保养记录是否齐全、规范。 （★以下灭火器检查内容同上）
		消防应急照明灯具	（1）外观完好，无破损、变形、老化现象； （2）"主电"显示绿灯，利用"试验"按钮，测试工作状态转变和供电等情况，断电后，供电时间大于 90min； （3）维护保养记录齐全、规范
		疏散通道	（1）通道畅通； （2）通道内无易燃易爆等物品堆放
		消防水池	（1）消防水池应设置就地水位显示装置，并应在消防控制中心或值班室等地点设置显示消防水池水位的装置，同时应有最高和最低报警水位； （2）高位消防水池的最低有效水位应能满足其所服务的水灭火设施所需的工作压力和流量，且其有效容积应满足火灾延续时间内所需消防用水量； （3）消防水池的水位保持消防用水量，存在共用时，应有保证消防用水量的技术措施； （4）水位标尺正常工作； （5）水池各种阀门处于正常状态
		其他	

续上表

检查区域	检查部位	检查事项	检查内容及标准
××方向收费站	收费站房	灭火器和自救呼吸器	（1）建筑面积每75m²（含75m²以内）至少配置2具4kg手提式干粉灭火器和自救呼吸器2个； （2）灭火器参照消防设施设备灭火器检查内容
			自救呼吸器，封签完好并在有效期内
		安全出口	安全出口标志是否醒目完好，疏散通道是否畅通
		消防应急照明灯具	（1）楼梯间、疏散通道，应设置应急疏散照明灯和安全出口指示标识； （2）外观完好，无破损、变形、老化现象； （3）"主电"显示绿灯，利用"试验"按钮，测试工作状态转变和供电等情况，断电后，供电时间大于90min； （4）维护保养记录齐全、规范
		办公室	（1）电线无乱拉、老化、绝缘损坏、电线裸露等现象； （2）大功率电气设备使用专用线路、插座和插头； （3）不充电时，充电插头应拔下； （4）插座插孔不存在变色变形和私接乱接，没有放置在床铺等可燃物品上
		其他	
	收费车道	灭火器和自救呼吸器	（1）每个收费岗亭外设置4kg干粉灭火器2具； （2）每2条车道配置1具35kg推车式干粉灭火器； （3）每个收费亭内设置4kg干粉/二氧化碳灭火器1具，配置2个过滤式消防自救呼吸器； （4）自救呼吸器，封签完好并在有效期内； （5）灭火器参照消防设施设备灭火器检查内容
		消防应急照明灯具	（1）收费亭内，设置应急疏散照明灯； （2）外观完好，无破损、变形、老化现象； （3）"主电"显示绿灯，利用"试验"按钮，测试工作状态转变和供电等情况，断电后，供电时间大于90min； （4）维护保养记录齐全、规范
		交通安全设施	（1）收费广场的标志标线（禁止、警示、提示、停车区域等）齐全、清晰、完整； （2）反光膜、交通锥、防撞桶等完好性； （3）在穿越车道的斑马线两侧设置安全护栏； （4）设置穿越收费车道的斑马线； （5）收费岛头设置防撞桶； （6）收费车道限高架稳固、反光膜清晰； （7）设置穿越收费车道的斑马线，且斑马线两侧设置有安全护栏； （8）收费亭防撞柱不存在变形、倾斜、地脚螺栓缺失或松动等现象，防撞柱反光膜清晰
		绿优通道	绿优通道检查爬梯不存在变形、倾斜等情况
		反光贴膜	保护收费亭的防撞设施反光贴膜清晰、干净
		电气设备	（1）收费亭内地板不松动、电线不乱拉和裸露、接头不松动； （2）大功率设备使用专用线路、插座和插头

续上表

检查区域	检查部位	检查事项	检查内容及标准
××方向收费站	收费车道	照明设施设备	收费广场电箱是否定期检查，照明灯完好性
		固定设施设备	（1）收费车道防撞柱、栏杆等完好； （2）车道设备（车道指示信号灯、探头、自助发卡机、车道栏杆机、称重设备、大棚顶灯等）完好
		地面	收费亭地板、收费岛地面是否存在隐患
		排水设施	内外广场两侧急流槽等排水设施是否堵塞
		其他	
	发电机房	消防系统	设置气体（七氟丙烷或气溶胶）灭火系统（自动）
			（1）设备外观完好（巡检灯闪亮，电源灯常亮，转换盒设置为自动且绿灯常亮）； （2）灭火剂处于有效期内
			气体灭火系统，全面检测，包括性能测试等
		灭火器和自救呼吸器	（1）建筑面积每75m²（含75m²以内）至少配置2具4kg手提式干粉灭火器（用于初期火灾）及1具35kg推车式干粉灭火器，自救呼吸器2个； （2）自救呼吸器，封签完好并在有效期内； （3）灭火器参照消防设施设备灭火器检查内容
		发电机	（1）面板仪表信号正常； （2）各部件外观完好，不存在过热、老化、开裂、变形、变色、损坏等异常情况； （3）柴油液位、冷却水液位、机油液位、压力等正常； （4）散热通风装置能正常运行； （5）皮带、电缆电线没有下落、断裂等现象； （6）电池连线及电池桩头连接可靠、电池电解液液位合理、电瓶电压正常； （7）设备可靠接地
		警戒标识	各类警示标识齐全、清晰准确
		出入口	（1）防火门处于常闭状态、朝外开启、门锁完好、接地； （2）设置防止雨、雪和小动物从窗、门、桥架、电缆保护管等进入室内的设施； （3）出入口设置0.5m高的挡鼠板和高150mm的不燃烧、不渗漏的门槛，不设地漏，留有进风口
		绝缘垫	绝缘垫干净、整洁，未发生位移
		消防应急照明灯具	（1）应设置应急疏散照明灯和安全出口指示标识； （2）外观完好，无破损、变形、老化现象； （3）"主电"显示绿灯，利用"试验"按钮，测试工作状态转变和供电等情况，断电后，供电时间大于90min； （4）维护保养记录齐全、规范
		疏散通道	（1）通道畅通； （2）通道内无易燃易爆物品

续上表

检查区域	检查部位	检查事项	检查内容及标准
××方向收费站	发电机房	自带储油仓	(1) 油箱的下部应设置防止油品流散的设施； (2) 储油间的储油量，满足机组持续运行不小于3h，体积不大于1m³，且防静电接地良好
		其他	
	配电房	消防系统	设置气体（七氟丙烷或气溶胶）灭火系统（自动）
			(1) 设备外观完好（巡检灯闪亮，电源灯常亮，转换盒设置为自动且绿灯常亮）； (2) 灭火剂处于有效期内
			气体灭火系统，全面检测，包括性能测试等
		灭火器和自救呼吸器	(1) 建筑面积每75m²（含75m²以内）至少配置2具4kg手提式干粉灭火器（用于初期火灾）及1具35kg推车式干粉灭火器，自救呼吸器2个； (2) 自救呼吸器，封签完好并在有效期内； (3) 灭火器参照消防设施设备灭火检查内容
		高低压柜	(1) 设备工作状态、面板仪表信号正常，不存在异响、异味； (2) 各部件外观完好，没有过热变色、绝缘老化、温度异常、闪络放电痕迹、损坏变形等； (3) 开关实际位置与指示位置和运行方式相符； (4) 弹簧储能机构指示正常、位置正确； (5) 各处不存在松脱现象，没有积尘、锈蚀和放置杂物； (6) 设备铭牌双重标识清晰、完整； (7) 电路末端电压降没有超出规定要求； (8) 运行中三相负荷平衡、三相电压相同； (9) 高低压配电装置的操作区、维护通道铺设绝缘胶垫
		绝缘垫 警戒标识 出入口	(1) 绝缘垫干净、整洁，未发生位移； (2) 各类警示标识齐全、清晰准确； (3) 防火门处于常闭状态、朝外开启、门锁完好、接地； (4) 出入口设置0.5m高的挡鼠板； (5) 设置防止雨、雪和小动物从窗、门、桥架、电缆保护管等进入室内的设施
		室外警告标志	变配电室外设置警告标志，防止无关人员误入
		室内工具箱	室内温度和湿度在合适的范围内
			高压室操作器具：绝缘手套1双、绝缘鞋1双、验电笔1支、接地线（变电型）1组、防电弧面具1个、安全遮拦4组，"在此工作""从此进出""禁止合闸、有人工作"安全标志各5块等
		消防应急照明灯具	(1) 应设置应急疏散照明灯和安全出口指示标识； (2) 外观完好，无破损、变形、老化现象； (3) "主电"显示绿灯，利用"试验"按钮，测试工作状态转变和供电等情况，断电后，供电时间大于90min； (4) 维护保养记录齐全、规范
		疏散通道	(1) 通道畅通； (2) 通道内无易燃易爆物品
		其他	

续上表

检查区域	检查部位	检查事项	检查内容及标准
××方向收费站	储油间	灭火器和自救呼吸器	（1）至少配4kg干粉灭火器2具和35kg推车式灭火器1具，自救呼吸器2个； （2）自救呼吸器，封签完好并在有效期内； （3）灭火器参照消防设施设备灭火器检查内容
		储油量	（1）总储存量不应大于1m³，储油量满足机组持续运行不小于3h，且防静电接地良好； （2）储油间除油箱外，无其他储油设备，储油间应设置门槛，门槛的高度需保证油罐的油全部从油罐外溢后也不会漫过门槛
		门窗	（1）防火门处于常闭状态、朝外开启、门锁完好、接地； （2）设置防止雨、雪和小动物从窗、门、桥架、电缆保护管等进入室内的设施； （3）出入口设置0.5m高的挡鼠板和高150mm的不燃烧、不渗漏的门槛，不设地漏，留有进风口
		其他	

表 D-8 服务区隐患排查要点

检查区域	检查部位	检查事项	检查内容及标准
××服务区		一般要求	建筑物、充电设施的防雷装置年度防雷检测报告；加油站的防雷装置半年度防雷检测报告
			仓库无易燃易爆物品，或设置易燃易爆物品专用仓库
			消防通道无堵塞
			（1）超3000m²的服务楼，应设环形消防车道； （2）设备楼附近，应设消防车道； （3）加油站油罐区，应设消防车道
	加油站	灭火器和自救呼吸器	（1）加油站和大棚：加油站每2台加油机（不足2台按2台算）至少配置2具4kg干粉灭火、2块灭火毯。 （2）加油站和大棚：一、二级加油站应配置灭火毯5块、沙子2m³，包含罐区及加油区。三级加油站应配置灭火毯2块、沙子2m³。 （3）加油站储油区消防箱：35kg推车式干粉灭火器1具、消防沙桶3~5个、消防铲3~5把、灭火毯2夹；沙池不小于2m³一座。 （4）站房前：至少配备35kg推车式干粉灭火器1具、4kg干粉灭火器5具或8kg干粉灭火器3具和自救呼吸器2个。 （5）便利店内：4kg或8kg干粉灭火器2具，自救呼吸器2个。 （6）发配电房：至少配备2~3kg二氧化碳灭火器2具或4kg干粉灭火器4具，自救呼吸器2个。 （7）收银台或办公室机柜：2~3kg二氧化碳灭火器1具。 （8）自救呼吸器，封签完好，并在有效期内。 （9）加油站污水排出建筑物或围墙时，应在建筑物墙外及围墙内分别设置水封装置。 **灭火器检查：** （1）灭火器是否放置在指定区域并设置明显表示； （2）灭火器的铭牌是否朝外，并且器头宜向上；

续上表

检查区域	检查部位	检查事项	检查内容及标准
××服务区	加油站	灭火器和自救呼吸器	（3）灭火器的类型、规格、灭火级别和配置数量是否符合配置设计要求； （4）室外灭火器是否有防雨、防晒等保护措施； （5）灭火器周围是否存在障碍物、遮挡、拴系等影响取用的现象； （6）灭火器箱内是否干燥、清洁； （7）灭火器的铭牌是否无残缺，清晰明了，操作说明是否齐全； （8）灭火器的配件如喷嘴、压把、插销是否完好，未损坏、脱落或遗失； （9）灭火器的筒体是否无明显的损伤（硫伤、划伤）、缺陷、锈蚀（特别是筒底和焊缝）、泄漏； （10）灭火器喷射软管是否完好、无明显龟裂，喷嘴不堵塞； （11）灭火器的压力指示器是否指示在绿区范围内，并在有效期内； （12）灭火器的维护保养记录是否齐全、规范。 （★以下灭火器检查内容同上）
		消火栓	**1. 室外消火栓（箱）：** （1）外观完好、醒目，无锈蚀和漏水等现象； （2）消火栓的标识清晰（消防识别标识、使用方法标识）； （3）消火栓的维护保养记录齐全、规范； （4）消火栓的清洁、设备完整； （5）栓口盖子便于取下，消火栓阀门开启灵活、无卡涩； （6）出水口闷盖密封，无缺损； （7）栓体外表油漆完好，无脱落、锈蚀； （8）消火栓阀门井完好； （9）消火栓进行出水试验（水源充足，供水压力从地面算起不小于0.1MPa，水源无杂志、异味，水枪喷射无堵塞）； （10）消防水带、水枪无老化、破损、粘连； （11）消防水带设置直径和长度（65mm或80mm）和（25m或20m）等规格符合要求，接口牢固； （12）连接水带并加压后，栓口接头无明显漏水。 **2. 室内消火栓（箱）：** （1）消火栓箱内设备齐全，无老化、破损、霉变； （2）外观检查，管道、阀门无漏水，阀门位于开启状态； （3）消火栓逐一进行出水试验（水源充足，水源无杂志、异味，水枪喷射无堵塞）； （4）消防水带、水枪无老化、破损、粘连； （5）消防水带设置直径和长度（65mm或80mm）和（25m或20m）等规格符合要求，接口牢固； （6）玻玻按钮外观无破损，远程启动水泵测试； （7）水泵控制箱所处控制状态正确； （8）消防水泵手动、自动状态下启动试验； （9）配置当量喷嘴直径16mm或19mm的消防水枪，但当消火栓设计流量为2.5L/s时宜配置当量喷嘴直径11mm或13mm的消防水枪； （10）消火栓自动止回阀正常，能够保持正常的水压（消火栓栓口动压力不应小于0.25MPa，不应大于0.50MPa，若大于0.5MPa，则应设置减压装置，可通过消火栓系统测压试水装置进行检测压力）； （11）电动机无损伤、锈蚀，机械性能良好； （12）水泵轴与电动机连接部位无松动、变形、损伤和严重锈蚀； （13）轴承润滑油足够，油污不被严重污染、变质，用手测试轴承转动正常； （14）继电器无脱落、松动，接触器接点正常；

续上表

检查区域	检查部位	检查事项	检查内容及标准
××服务区	加油站	消火栓	(15) 消火栓的维护保养记录是否齐全、规范。 (★以下消火栓检查内容同上)
		火灾报警器	(1) 外观无损坏、异常，安装位置没有被物体挡住或者遮盖； (2) 控制器自检正常，显示面板无故障； (3) 测试报警、故障提示、消声等功能正常
		消防应急照明灯具	(1) 应设置应急疏散照明灯； (2) 外观完好，无破损、变形、老化现象； (3) "主电"显示绿灯，利用"试验"按钮，测试工作状态转变和供电等情况，断电后，供电时间大于90min； (4) 维护保养记录齐全、规范
		站房门	应采用平开门，且断电情况下，能打开
		疏散通道	(1) 通道畅通； (2) 通道内无易燃易爆物品
		储油区沙池	(1) 沙池密封、防潮，防雨盖开启便捷和取沙方便； (2) 沙质干净，体积大于2m³，埋深不大宜于60cm； (3) 标识和警示标志明显
		储油区室外电气设备	室外路灯等电气设备，不应位于爆炸危险范围内：卸油口半径1.5m；通气管管口半径3m。无法避免时，应采取防爆措施
		其他	
	加油站宿办楼	系统	消火栓按钮可以正常启动消防水泵供水
		消火栓箱	室内消火栓（箱）参照消防设施设备消火栓检查内容
		消防应急照明灯具	各功能室、楼梯间、疏散通道、餐厅、厨房面积大于200m²的房间等人员密集场所，应设置应急疏散照明灯和安全出口指示标识
			(1) 外观正常、"主电"显示绿灯； (2) 利用"试验"按钮，测试工作状态转变和供电（断电后，供电时间大于90min）等情况
		排烟设施	长度大于20m的内走廊
			面积大于50m²，且经常有人停留或可燃物比较多，且无开启外窗的房间（如仓库）
		灭火器和自救呼吸器	厨房，每55m²（含55m²内）至少配：4kg干粉灭火器4具和自救呼吸器2个
			自救呼吸器，封签完好，并在有效期内
			(1) 灭火器压力器在绿色区域，在有效期内； (2) 瓶体无锈蚀、喷嘴、压把、插销等配件完好； (3) 周边无障碍物，取用方便； (4) 定期检查和维护保养记录齐全、规范
		商家厨房卫生	(1) 冰柜无异味、生熟分离； (2) 厨房操作间通风良好、地面无积水、油渍； (3) 食品按规定进行48h留样（每样至少留样100g），并做好标记和记录

续上表

检查区域	检查部位	检查事项	检查内容及标准
××服务区	加油站宿办楼	商家厨房灶台	（1）灶台附近安装油烟净化器，并定期对油脂槽进行清理； （2）灶台附近至少有2块灭火毯； （3）灶台周围和上方没有杂物和易燃物品
		商家厨房线路	（1）全部使用电器炉具、各插座外观完好，性能正常，不存在变形、变色、烧毁等情况； （2）外露的电线电缆表面没有绝缘破损现象，接头没有破损和裸露； （3）电线没有乱拉，大功率电气设备使用专用线路、插座和插头，没有超负荷运行等现象； （4）使用电力的厨房设备，安装漏电开关、接地可靠、设备不漏水
		物业宿舍	（1）电线无乱拉、老化、绝缘损坏、电线裸露等现象； （2）大功率电气设备使用专用线路、插座和插头； （3）不在充电时，充电插头应拔下； （4）插座插孔不存在变色变形和私接乱接，没有放置在床铺等可燃物品上
		商家厨房其他	操作间地面无积水、油渍
			制定饭堂日常管理制度、厨房设备操作规程等并制度上墙
	危险货物运输车辆临时停放区	消火栓	（1）消火栓设置间距应满足在消防救援时安全、方便取水和供水的要求； （2）每500m²（含500m²内）至少配置1个室外消火栓及1个消防器材箱； （3）消火栓应配备消防箱：20或25m消防水带1条，消防水枪和扳手； （4）消防箱内的扳手、消防水带和水枪等无老化、破损、粘连； （5）各种接头的垫圈完好
			室外消火栓（箱）参照消防设施设备消火栓检查内容
		消防沙池	（1）至少配备体积2m³； （2）沙池密封性良好，防水、防杂质； （3）防雨盖开启方便、取沙方便、沙质干净； （4）沙池旁设置明显的标识和警示标志； （5）沙池周围的环境整洁，无垃圾、杂草等障碍物
		微型消防站	每2个（含1个；若为3个，按4个计）危险货物运输车辆停车位配1具35kg推车式干粉灭火器和1座沙池
			每2个危险货物运输车辆临时停车位配置1个可存放消防器材的消防器材箱。消防箱：4kg干粉灭火器4具、消防沙桶4个、石棉灭火毯（1.2m×1.2m）4张、消防自救呼吸器4个、消防铲2把
			消防器材箱与沙池距离停车区域应保持5~20m距离

续上表

检查区域	检查部位	检查事项	检查内容及标准
××服务区	危险货物运输车辆临时停放区	室外电缆	（1）优先采用穿管埋地敷设且应避开危险货物运输车辆停放区和油罐区； （2）电缆沟应独立设置，处于爆炸、火灾危险环境中的电缆沟必须充沙填实
		其他	标志标识（禁止、警示、提示等）清晰
			危险货物运输车辆管理台账资料完整
	其他		
	办公楼、宿舍楼	系统	总建筑面积大于3000m²的商场（封闭式），设电气火灾监控系统[《民用建筑电气设计标准》（GB 51348—2019）]
			消火栓按钮可以正常启动消防水泵供水
		灭火器和自救呼吸器	（1）楼道（含疏散通道）、楼梯间，每25m（含25m内）至少配：4kg干粉灭火器2具和自救呼吸器2个； （2）各功能室，每75m²（含75m²内）至少配：4kg干粉灭火器2具和自救呼吸器2个； （3）物业厨房，每55m²（含55m²内）至少配：4kg干粉灭火器4具和自救呼吸器2个； （4）自救呼吸器，封签完好并在有效期内； **（5）灭火器参照消防设施设备灭火器检查内容**
		消火栓	**室内消火栓（箱）参照消防设施设备消火栓检查内容**
		消防应急照明灯具	各功能室、楼梯间、疏散通道、厨房、餐厅、面积大于200m²的房间等人员密集场所，应设置应急疏散照明灯和安全出口指示标识
			（1）外观完好，无破损、变形、老化现象； （2）"主电"显示绿灯，利用"试验"按钮，测试工作状态转变和供电等情况，断电后，供电时间大于90min； （3）维护保养记录齐全、规范
		紧急疏散标志	安全疏散指示标志应牢固、无遮挡，疏散指示的方向应准确、清晰
		消防水泵接合器	6层及以上并设置室内消火栓系统的宿舍楼，应设消防水泵接合器，便于消防车辆供水
			消防水泵接合器外观正常、醒目
		物业房间（办公室、宿舍）	（1）电线无乱拉、老化、绝缘损坏、电线裸露等现象； （2）大功率电气设备使用专用线路、插座和插头； （3）不充电时，充电插头应拔下； （4）插座插孔不存在变色变形和私接乱接，没有放置在床铺等可燃物品上

续上表

检查区域	检查部位	检查事项	检查内容及标准
××服务区	办公楼、宿舍楼	物业厨房卫生	冰柜无异味、生熟分离
			厨房操作间通风良好、地面无积水、油渍
			食品按规定进行48h留样（每样至少留样100g），并做好标记和记录
		物业厨房线路	应全部使用电器炉具，且使用专用线路、插座和插头
			外露的电线电缆表面没有绝缘破损现象，接头没有破损和裸露
			电线无乱拉，大功率电气设备使用专用线路、插座和插头
			使用电力的厨房设备，安装漏电开关、接地可靠、设备不漏水
		物业厨房灶台	灶台附近安装油烟净化器，并定期对油脂槽进行清理，至少有2块灭火毯
			灶台周围和上方没有杂物和易燃物品
			充装量大于50kg的液化石油气瓶应设置在所服务建筑外的单层专用房间内
			液化石油气钢瓶减压器正常使用期限为5年，密封圈正常使用期限为3年，到期应当立即更换并记录
			钢瓶供应多台液化石油气灶具的，应当采用硬管连接，并将用气设备固定
			钢瓶与单台液化石油气灶具连接使用耐油橡胶软管的，应当用卡箍紧固，软管的长度控制在1.2~2.0m之间，且没有接口；橡胶软管应当每2年更换一次；软管不得私接"三通"或穿越墙体、门窗、顶棚和地面
		物业厨房其他	操作间地面无积水、油渍
			制定饭堂日常管理制度、厨房设备操作规程等并制度上墙
		排烟设施	面积大于100m²的房间或长度大于20m的内走廊应设置排烟设施
			面积大于50m²，且经常有人停留或可燃物比较多，且无开启外窗的房间（如仓库）
			其他
	服务楼	系统	总建筑面积大于3000m²的商场（封闭式），设电气火灾监控系统[《民用建筑电气设计标准》（GB 51348—2019）]
			消火栓按钮可以正常启动消防水泵供水
		消火栓箱	**室内消火栓（箱）参照消防设施设备消火栓检查内容**
		消防应急照明灯具	餐厅、厨房、商铺、仓库、大厅、驾驶员休息室、公共卫生间、疏散通道和面积大于200m²的房间等人员密集场所，应设置应急疏散照明灯和安全出口指示标识

续上表

检查区域	检查部位	检查事项	检查内容及标准
××服务区	服务楼	消防应急照明灯具	(1) 外观完好，无破损、变形、老化现象； (2) "主电"显示绿灯，利用"试验"按钮，测试工作状态转变和供电等情况，断电后，供电时间大于90min； (3) 维护保养记录齐全、规范
		灭火器和自救呼吸器	(1) 餐厅、商铺、大厅、连廊、公共卫生间和疏散通道，每75m²（含75m²内）至少配：4kg干粉灭火器2具和自救呼吸器2个； (2) 商家厨房，每55m²（含55m²内）至少配：4kg干粉灭火器4具和自救呼吸器2个； (3) 自救呼吸器，封签完好并在有效期内； **(4) 灭火器参照消防设施设备灭火器检查内容**
		商铺	应为平开门，且断电情况下，能打开。不能设置卷帘门
			电线无乱拉、老化、绝缘损坏、电线裸露等现象
			大功率电气设备使用专用线路、插座和插头
			不充电时，充电插头应拔下
			插座插孔不存在变色变形和私接乱接，没有放置在床铺等可燃物品上
		商家厨房线路	(1) 全部使用电器炉具，各插座外观完好，性能正常，不存在变形、变色、烧毁等情况； (2) 外露的电线电缆表面没有绝缘破损现象，接头没有破损和裸露； (3) 电线没有乱拉，大功率电气设备使用专用线路、插座和插头，没有超负荷运行等现象； (4) 使用电力的厨房设备，安装漏电开关、接地可靠、设备不漏水
		商家厨房卫生	(1) 冰柜无异味、生熟分离； (2) 厨房操作间通风良好、地面无积水、油渍； (3) 食品按规定进行48h留样（每样至少留样100g），并做好标记和记录
		商家厨房灶台	(1) 灶台附近安装油烟净化器，并定期对油脂槽进行清理； (2) 灶台附近至少有2块灭火毯； (3) 灶台周围和上方没有杂物和易燃物品
		排烟设施	面积大于100m²且经常有人停留的房间
			面积大于50m²，且经常有人停留或可燃物比较多，且无开启外窗的房间（如仓库）
			长度大于20m的内走廊，应设置排烟设施
		商家厨房其他	操作间地面无积水、油渍
			制定饭堂日常管理制度、厨房设备操作规程等并制度上墙

续上表

检查区域	检查部位	检查事项	检查内容及标准
××服务区	服务楼	AED	(1) 外观完好无损，没有明显磨损、裂纹； (2) AED电源充足，电池是否在有效期内； (3) 电极片在有效期内、无损坏； (4) AED启动、自检和放电功能检查正常； (5) AED的警报声音和指示灯正常工作
		其他	
	储油间	灭火器和自救呼吸器	(1) 至少配4kg干粉灭火器（用于初期火灾）2具和35kg推车式灭火器1具，自救呼吸器2个； (2) 自救呼吸器，封签完好并在有效期内； **(3) 灭火器参照消防设施设备灭火器检查内容**
		储油量	(1) 总储存量不应大于$1m^3$，储油量满足机组持续运行不小于3h，且防静电接地良好； (2) 储油间除油箱外，无其他储油设备，储油间应设置门槛，门槛的高度需保证油罐的油全部从油罐外溢后也不会漫过门槛
		门窗	(1) 防火门处于常闭状态、朝外开启、门锁完好、接地； (2) 设置防止雨、雪和小动物从窗、门、桥架、电缆保护管等进入室内的设施； (3) 出入口设置0.5m高的挡鼠板和高150mm的不燃烧、不渗漏的门槛，不设地漏，留有进风口
		其他	
	发电机房	消防系统	设置气体（七氟丙烷或气溶胶）灭火系统（自动）
			(1) 设备外观完好（巡检灯闪亮，电源灯常亮，转换盒设置为自动且绿灯常亮）； (2) 灭火剂处于有效期内
			气体灭火系统，全面检测，包括性能测试等
		灭火器和自救呼吸器	(1) 每$75m^2$（含$75m^2$以内）至少配：4kg干粉灭火器（用于初期火灾）2具和35kg推车式干粉灭火器1具，自救呼吸器2个； (2) 自救呼吸器，封签完好并在有效期内； **(3) 灭火器参照消防设施设备灭火器检查内容**
		发电机	(1) 面板仪表信号正常； (2) 各部件外观完好，不存在过热、老化、开裂、变形、变色、损坏等异常情况； (3) 柴油液位、冷却水液位、机油液位、压力等正常； (4) 散热通风装置能正常运行； (5) 皮带、电缆电线没有下落、断裂等现象； (6) 电池连线及电池桩头连接可靠、电池电解液液位合理、电瓶电压正常； (7) 设备可靠接地

续上表

检查区域	检查部位	检查事项	检查内容及标准
××服务区	发电机房	自带储油仓	(1) 油箱的下部应设置防止油品流散的设施； (2) 储油间的储油量，满足机组持续运行不小于3h，体积不大于1m³，且防静电接地良好
		警戒标识	各类警示标识齐全、清晰准确
		出入口	(1) 防火门处于常闭状态、朝外开启、门锁完好、接地； (2) 设置防止雨、雪和小动物从窗、门、桥架、电缆保护管等进入室内的设施； (3) 出入口设置0.5m高的挡鼠板和高150mm的不燃烧、不渗漏的门槛，不设地漏，留有进风口
		绝缘垫	应设绝缘垫，且干净、整洁，未发生位移
		消防应急照明灯具	(1) 应设置应急疏散照明灯和安全出口指示标识； (2) 外观完好，无破损、变形、老化现象； (3) "主电"显示绿灯，利用"试验"按钮，测试工作状态转变和供电等情况，断电后，供电时间大于90min； (4) 维护保养记录齐全、规范
		疏散通道	(1) 通道畅通； (2) 通道内无易燃易爆物品
		其他	
	配电房	消防系统	设置气体（七氟丙烷或气溶胶）灭火系统（自动）
			(1) 设备外观完好（巡检灯闪亮，电源灯常亮，转换盒设置为自动且绿灯常亮）； (2) 灭火剂处于有效期内
			气体灭火系统，全面检测，包括性能测试等
		灭火器和自救呼吸器	(1) 每75m²（含75m²以内）至少配：4kg干粉灭火器（用于初期火灾）2具和35kg推车式干粉灭火器1具，自救呼吸器2个； (2) 自救呼吸器，封签完好并在有效期内； **(3) 灭火器参照消防设施设备灭火器检查内容**
		绝缘垫	绝缘垫干净、整洁，未发生位移
		警戒标识	各类警示标识齐全、清晰准确
		出入口	(1) 防火门处于常闭状态、朝外开启、门锁完好、接地； (2) 设置防止雨、雪和小动物从窗、门、桥架、电缆保护管等进入室内的设施； (3) 出入口设置0.5m高的挡鼠板
		室内工具箱	室内温度和湿度在合适的范围内 **高压室操作器具**：绝缘手套1双、绝缘鞋1双、验电笔1支、接地线（变电型）1组、防电弧面具1个、安全遮拦4组，"在此工作""从此进出""禁止合闸、有人工作"安全标志各5块等

续上表

检查区域	检查部位	检查事项	检查内容及标准
××服务区	配电房	室外警告标志	变配电室外设置警告标志，防止无关人员误入
		消防应急照明灯具	（1）应设置应急疏散照明灯和安全出口指示标识； （2）外观完好，无破损、变形、老化现象； （3）"主电"显示绿灯，利用"试验"按钮，测试工作状态转变和供电等情况，断电后，供电时间大于90min； （4）维护保养记录齐全、规范
		高低压柜	（1）设备工作状态、面板仪表信号正常，不存在异响、异味； （2）各部件外观完好，没有过热变色、绝缘老化、温度异常、闪络放电痕迹、损坏变形等； （3）开关实际位置与指示位置和运行方式相符； （4）弹簧储能机构指示正常、位置正确； （5）各处不存在松脱现象，没有积尘、锈蚀和放置杂物； （6）设备铭牌双重标识清晰、完整； （7）电路末端电压降没有超出规定要求； （8）运行中三相负荷平衡、三相电压相同； （9）高低压配电装置的操作区、维护通道铺设绝缘胶垫
		疏散通道	（1）通道畅通； （2）通道内无易燃易爆物品
		其他	
	消防水池、生活用水水箱和水泵房	灭火器和自救呼吸器	（1）每75m²（含75m²以内）至少配置2具4kg手提式干粉灭火器和自救呼吸器2个； （2）自救呼吸器，封签完好并在有效期内； **（3）灭火器参照消防设施设备灭火器检查内容**
		水泵和控制柜	（1）消防水泵应处在自动启泵状态，不应设置自动停泵功能，应能手动启停和自动启动； （2）水泵电机工作状态正常，流量、电流等参数正常、无异响； （3）日常维护保养记录，设备无锈蚀、污垢； （4）消防水泵控制柜应设置机械应急启泵功能，水泵控制柜的显示功能（电压、电流、故障等）正常
		消防应急照明灯具	（1）应设置应急疏散照明灯和安全出口指示标识； （2）外观完好，无破损、变形、老化现象； （3）"主电"显示绿灯，利用"试验"按钮，测试工作状态转变和供电等情况，断电后，供电时间大于90min； （4）维护保养记录齐全、规范
		疏散通道	（1）水泵房内无易燃易爆物品； （2）水泵房内无私拉乱接现象

续上表

检查区域	检查部位	检查事项	检查内容及标准
××服务区	消防水池、生活用水水箱和水泵房	消防水池	(1) 消防水池应设置就地水位显示装置，并在监控中心设置显示消防水池水位的装置，同时应有最高和最低报警水位； (2) 高位消防水池的最低有效水位应能满足其所服务的水灭火设施所需的工作压力和流量，且其有效容积应满足火灾延续时间内所需消防用水量； (3) 消防水池的水位保持消防用水量，存在共用时，应有保证消防用水量的技术措施； (4) 水位标尺正常工作； (5) 水池各种阀门处于正常状态
		警戒标识	各类警示标识齐全、清晰准确
		出入口	(1) 防火门处于常闭状态、朝外开启； (2) 出入口设置0.5m高的挡鼠板
		其他	管道穿墙穿楼板有防护套管，套管与管道的间隙用不燃材料封堵
			消防管道有水流指示方向，阀门有标志、无滴水、漏水现象
			设置高度150mm的门槛和不少于1%的坡度进行排水
			生活用水水箱房间，设置门禁和监控摄像头
			泵房内电缆桥架应高位安装，其顶部距梁底或顶板宜为0.15m
		其他	
	汽修厂	制度	(1) 具备汽车维修经营许可证； (2) 建立安全检查制度（日常检查、节假日检查、定期检查）； (3) 按规定配置、使用劳保用品； (4) 特种作业人员必须持有特种作业操作证、试车员试车必须持有机动车驾驶证
		消火栓	修车车位数不大于2辆，面积不大于500m²，可以不设置消防给水系统
			室内消火栓（箱）参照消防设施设备消火栓检查内容
		灭火器和自救呼吸器	(1) 每50m²（含50m²以内）至少配置2具4kg手提式干粉灭火器，自救呼吸器2个； (2) 超过150m²至少增配1台35kg推车式干粉灭火器
			自救呼吸器，封签完好并在有效期内
			灭火器参照消防设施设备灭火器检查内容
		厂区设置	厂房内划分定置线、代修区、完好区 （2类以上维修业户）
		机械设备	机具设备具有合格证，检修记录完整

续上表

检查区域	检查部位	检查事项	检查内容及标准
××服务区	汽修厂	消防应急照明灯具	（1）外观完好，无破损、变形、老化现象； （2）"主电"显示绿灯，利用"试验"按钮，测试工作状态转变和供电等情况，断电后，供电时间大于90min； （3）维护保养记录齐全、规范
		紧急疏散标志	安全疏散指示标志应牢固、无遮挡，疏散指示的方向应准确、清晰
		电气设备	办公场所内无私拉乱接现象，合理使用大功率电器
		疏散通道	（1）通道畅通； （2）通道内无易燃易爆等物品堆放
	其他		
	充电设施区域	总体	户外T形接杆外观正常；充电站、变电箱和架空导线等，周边无易燃易爆物品，无易倒塌建筑物或树木
			充电站雨棚基础、支架和膜结构等，牢靠、无损坏，外观正常
			场区有视频安防监控系统和照明设施，且运行正常
			停车位的车档无损坏变形、车位划线清晰
		消火栓	（1）充电区域周围应设置消火栓，其设置间距应满足在消防救援时安全、方便取水和供水的要求。消火栓宜沿停车场周边设置，且与最近一排汽车的距离不宜小于7m，不宜大于40m。 （2）每500m²（含500m²内）至少配置1个室外消火栓及1个消防器材箱。 （3）消火栓应配备消防箱：20或25m消防水带1条，消防水枪和扳手。 （4）消防箱内的扳手、消防水带和水枪等无老化、破损、粘连。 （5）各种接头的垫圈完好
			室外消火栓（箱）参照消防设施设备消火栓检查内容
		灭火器和自救呼吸器	（1）灭火器宜采用干粉灭火器，每2个（含1个）充电桩配备4kg干粉灭火器（用于初期火灾）2具且置于箱内，自救呼吸器2个； （2）每500m²（含500m²内）充电面积至少配备60L水基型灭火器（E类）1具； **（3）灭火器参照消防设施设备灭火器检查内容**
		配电系统	应设置电气火灾监控系统或剩余电流保护装置
			末端配电回路应设置限流式电气防火保护器
		停车标志标识	（1）停车区域标志标识（禁止、警示、提示等）清晰； （2）场地整洁、干净

续上表

检查区域	检查部位	检查事项	检查内容及标准
××服务区	充电设施区域	箱变	基础无下沉、开裂、倾斜；周围无杂草、灌木、杂物；外壳无损坏，门锁闭合正常；铭牌清晰、完整
			围栏无生锈、掉漆；警示标志牌齐全
			观察变压器运行情况，确保无杂音、无异味；温控装置正常，冷却风机无异常震动、异响、异味
			检查所有仪表、指示灯和集控装置显示情况，确保仪表显示准确，无故障报警
		充电桩外观	桩体外壳正常，无破损、变形、锈蚀，基础牢靠，没有损坏、开裂、倾斜
			充电枪接口有防护罩，枪头插在枪位内且内部无残留水，充电枪插拔正常，枪头按钮、枪线无损坏
			显示屏正常（含人机界面是否清晰可辨识），屏上信号正常显示
			电源指示灯、故障指示灯、充电指示灯等，正常显示
			桩门锁正常，紧急按钮完好，可通过旋钮复原
			桩体相关标识和操作说明清晰完整
		高低压配电设备	隔离开关、断路器（负荷开关）分、合闸位置指示正确，与实际情况相符
			通风设施良好，机箱门关闭良好，箱内无蛛网、杂物，进出线孔封堵到位
			金属导电件无锈蚀损伤，镀层完好无烧灼、拉弧痕迹；绝缘组件无裂痕、破损、放电痕迹及脏污现象
			SF6断路器气体压力表指示正常，设备运行无异常响声和气味
		其他	
	场区和停车区	消火栓	场区消防栓＋水带的射流，能覆盖灭火最不利点，消火栓且与最近一排汽车的距离不宜小于7m，不宜大于40m
			（1）消火栓应配备消防箱：20或25m消防水带1条，消防水枪和扳手； （2）消防箱内的扳手、消防水带和水枪等无老化、破损、粘连； （3）各种接头的垫圈完好
			室外消火栓（箱）参照消防设施设备消火栓检查内容
		灭火器和自救呼吸器	（1）停车区，每60个车位（含60个以内，60～120个，按120个计）至少配35kg干粉灭火器1具和自救呼吸器2个； （2）加水区，每75m²（含75m²内）至少配4kg干粉灭火器2具，且应置于消火箱内； （3）自救呼吸器，封签完好并在有效期内； **（4）灭火器参照消防设施设备灭火器检查内容**
		其他	

续上表

检查区域	检查部位	检查事项	检查内容及标准
××服务区	仓库	灭火器和自救呼吸器	每75m²（含75m²内）至少配：4kg干粉灭火器2具；自救呼吸器2个
			自救呼吸器，封签完好并在有效期内
			灭火器参照消防设施设备灭火器检查内容
		消防应急照明灯具	应设置应急疏散照明灯和安全出口指示标识
			（1）外观完好，无破损、变形、老化现象； （2）"主电"显示绿灯，利用"试验"按钮，测试工作状态转变和供电等情况，断电后，供电时间大于90min； （3）维护保养记录齐全、规范
		物资	各类养护或应急物资使用货架分类存放，并建立动态台账
			易燃易爆有毒物品，设独立专用仓库存放
	污水处理设施	通风装置	通风装置是否正常运行
		救援装置	救援装置（吊升装置）是否齐全
		制度	作业前是否进行培训、交底
		气体检测装置	气体检测装置是否正常工作（固定式气体检测装置每年进行一次标定，便携式气体检测仪每半年进行一次标定）
	司机之家	消防应急照明灯具	疏散通道和面积大于200m²的房间等人员密集场所，应设置应急疏散照明灯和安全出口指示标识
			（1）外观完好，无破损、变形、老化现象； （2）"主电"显示绿灯，利用"试验"按钮，测试工作状态转变和供电等情况，断电后，供电时间大于90min； （3）维护保养记录齐全、规范
		灭火器和自救呼吸器	（1）卫生间、淋浴房、休息室、洗衣间和疏散通道，每75m²（含75m²内）至少配：4kg干粉灭火器2具和自救呼吸器2个； （2）自救呼吸器，封签完好并在有效期内； **（3）灭火器参照消防设施设备灭火器检查内容**
		火灾报警器	（1）外观无损坏、异常，安装位置没有被物体挡住或者遮盖； （2）控制器自检正常，显示面板无故障； （3）测试报警、故障提示、消声等功能正常
		线路	微波炉干净整洁、使用专用线路、插座和插头
			外露的电线电缆表面没有绝缘破损现象，接头没有破损和裸露
			电线无乱拉，大功率电气设备使用专用线路、插座和插头
			使用电力的厨房设备，安装漏电开关、接地可靠、设备不漏水
			其他

表 D-9　沿线隧道场所隐患排查要点

检查区域	检查部位	检查事项	检查内容及标准
沿线隧道场所	消防设施	灭火器	**灭火器类型和布置：** （1）宜选用磷酸盐干粉手提式灭火器，灭火剂充装量不应小于5kg且不应大于8kg。 （2）单洞双车道公路隧道应在隧道一侧设置灭火器，单洞三车道公路隧道宜在隧道两侧交错设置灭火器，单洞四车道公路隧道应在隧道两侧交错设置灭火器。灭火器单侧设置间距不应大于50m。 （3）灭火器应成组设置在灭火器箱内，每组所设灭火器数量为2～3具。 **灭火器检查：** （1）灭火器是否放置在指定区域并设置明显标示； （2）灭火器的铭牌是否朝外，并且器头宜向上； （3）灭火器的类型、规格、灭火级别和配置数量是否符合配置设计要求； （4）室外灭火器是否有防雨、防晒等保护措施； （5）灭火器周围是否存在障碍物、遮挡、拴系等影响取用的现象； （6）灭火器箱内是否干燥、清洁； （7）灭火器的铭牌是否无残缺，清晰明了，操作说明是否齐全； （8）灭火器的配件如喷嘴、压把、插销是否完好，未损坏、脱落或遗失； （9）灭火器的筒体是否无明显的损伤（硫伤、划伤）、缺陷、锈蚀（特别是筒底和焊缝）、泄漏； （10）灭火器喷射软管是否完好、无明显龟裂，喷嘴不堵塞； （11）灭火器的压力指示器是否指示在绿区范围内，并在有效期内； （12）消火栓的维护保养记录是否齐全、规范。 （*以下灭火器检查同上内容）
		消火栓	（1）消火栓外观完好，无破损、锈蚀、漏水等现象； （2）管道、阀门无漏水和锈蚀现象，开关无卡顿； （3）消火栓进行出水试验（水源充足，水源无杂志、异味，水枪喷射无堵塞）； （4）消防水带、水枪齐全，无老化、破损、粘连； （5）消防水带设置直径（65mm或80mm）和长度（25m或20m）等规格符合要求，接口牢固； （6）破玻按钮外观无破损，远程启动水泵测试功能正常； （7）水泵控制箱所处控制状态正确； （8）消防水泵手动、自动状态下启动试验； （9）配置当量喷嘴直径16mm或19mm的消防水枪，但当消火栓设计流量为2.5L/s时宜配置当量喷嘴直径11mm或13mm的消防水枪； （10）消火栓自动止回阀正常，能够保持正常的水压（消火栓栓口动压力不应小于0.25MPa，不应大于0.5MPa，若大于0.5MPa，则应设置减压装置，可通过消火栓系统测压试水装置进行检测压力）； （11）消火栓的维护保养记录是否齐全、规范

续上表

检查区域	检查部位	检查事项	检查内容及标准
沿线隧道场所	消防设施	水成膜泡沫消火栓箱	（1）存放未使用时，检查泡沫液质量是否变质，若发现变质应及时更换（定期第三方检测机构泡沫性能检验）； （2）消火栓外观完好，无破损、锈蚀、漏水等现象； （3）水成膜泡沫灭火器阀门和泡沫枪开关开闭正常； （4）消火栓标识"泡沫消火栓、消防安全标识、使用方法标识"清晰； （5）消防卷盘、水枪无老化、破损、粘连，胶管无破损； （6）30L泡沫液液位正常（2/3以上满），且在有效期内（有效期为8年）； （7）泡沫混合液流量不小于30L/min，连续供给时间不小于20min，射程不小于6m； （7）水枪喷射无堵塞、漏水等现象； （8）消火栓的维护保养记录是否齐全、规范
		自救呼吸器	封签完好并在有效期内
		消防水池（高低位水池）	（1）消防水池外应设置就地水位显示装置，并应在消防控制中心或值班室等地点设置显示消防水池水位的装置，同时应有最高和最低报警水位； （2）监控中心的视频监测或液位仪显示液位与现场测量数据基本一致； （3）消防水池的水位保持消防用水量； （4）高位消防水池的最低有效水位应能满足其所服务的水灭火设施所需的工作压力和流量，且其有效容积应满足火灾延续时间内所需消防用水量； （5）水位无下沉、开裂、渗水等情况； （6）水池各种阀门处于正常状态； （7）水位标尺正常工作
		疏散灯	洞内疏散照明灯具（顶部和底部），清晰、完好
		火灾探测报警设施	双波长火焰探测器能正常工作，且每年标定一次
			光纤光栅火焰探测器正常工作，且每年标定一次
		其他	
	发电机房	消防系统	设置气体（七氟丙烷或气溶胶）灭火系统（自动）
			（1）设备外观完好（巡检灯闪亮，电源灯常亮，转换盒设置为自动且绿灯常亮）； （2）灭火剂处于有效期内
			气体灭火系统，全面检测，包括性能测试等
		灭火器和自救呼吸器	（1）建筑面积每75m²（含75m²以内）至少配置2具4kg手提式干粉灭火器（用于初期火灾）及1具35kg推车式干粉灭火器，自救呼吸器2个； （2）自救呼吸器，封签完好并在有效期内； **（3）灭火器参照消防设施设备灭火器检查内容**

续上表

检查区域	检查部位	检查事项	检查内容及标准
沿线隧道场所	发电机房	消防应急照明灯具	（1）应设置应急疏散照明灯和安全出口指示标识； （2）外观完好，无破损、变形、老化现象； （3）"主电"显示绿灯，利用"试验"按钮，测试工作状态转变和供电等情况，断电后，供电时间大于90min； （4）维护保养记录齐全、规范
		发电机	（1）面板仪表信号正常； （2）各部件外观完好，不存在过热、老化、开裂、变形、变色、损坏等异常情况； （3）柴油液位、冷却水液位、机油液位、压力等正常； （4）散热通风装置能正常运行； （5）皮带、电缆电线没有下落、断裂等现象； （6）电池连线及电池桩头连接可靠、电池电解液液位合理、电瓶电压正常； （7）设备可靠接地
		绝缘垫	绝缘垫干净、整洁，未发生位移
		警戒标识	各类警示标识齐全、清晰准确
		出入口	（1）防火门处于常闭状态、朝外开启、门锁完好、接地； （2）设置防止雨、雪和小动物从窗、门、桥架、电缆保护管等进入室内的设施； （3）出入口设置0.5m高的挡鼠板和高150mm的不燃烧、不渗漏的门槛，不设地漏，留有进风口
		自带储油仓	（1）油箱的下部应设置防止油品流散的设施； （2）储油间的储油量，满足机组持续运行不小于3h，体积不大于$1m^3$，且防静电接地良好
		疏散通道	（1）通道畅通； （2）通道内无易燃易爆物品
		其他	
	配电房	消防系统	设置气体（七氟丙烷或气溶胶）灭火系统（自动）
			（1）设备外观完好（巡检灯闪亮，电源灯常亮，转换盒设置为自动且绿灯常亮）； （2）灭火剂处于有效期内
			气体灭火系统，全面检测，包括性能测试等
		灭火器和自救呼吸器	（1）建筑面积每$75m^2$（含$75m^2$以内）至少配置2具4kg手提式干粉灭火器（用于初期火灾）及1具35kg推车式干粉灭火器，自救呼吸器2个； （2）自救呼吸器，封签完好并在有效期内； **（3）灭火器参照消防设施设备灭火器检查内容**

续上表

检查区域	检查部位	检查事项	检查内容及标准
沿线隧道场所	配电房	绝缘垫	绝缘垫干净、整洁，未发生位移
		警戒标识	各类警示标识齐全、清晰准确
		出入口	（1）防火门处于常闭状态、朝外开启、门锁完好、接地； （2）设置防止雨、雪和小动物从窗、门、桥架、电缆保护管等进入室内的设施； （3）出入口设置0.5m高的挡鼠板
		消防应急照明灯具	（1）应设置应急疏散照明灯和安全出口指示标识； （2）外观完好，无破损、变形、老化现象； （3）"主电"显示绿灯，利用"试验"按钮，测试工作状态转变和供电等情况，断电后，供电时间大于90min； （4）维护保养记录齐全、规范
		高低压柜	（1）设备工作状态、面板仪表信号正常，不存在异响、异味； （2）各部件外观完好，没有过热变色、绝缘老化、温度异常、闪络放电痕迹、损坏变形等； （3）开关实际位置与指示位置和运行方式相符； （4）弹簧储能机构指示正常、位置正确； （5）各处不存在松脱现象，没有积尘，锈蚀和放置杂物； （6）设备铭牌双重标识清晰、完整； （7）电路末端电压降没有超出规定要求； （8）运行中三相负荷平衡、三相电压相同； （9）高低压配电装置的操作区、维护通道铺设绝缘胶垫
		疏散通道	（1）通道畅通； （2）通道内无易燃易爆物品
		室外警告标志	变配电室外设置警告标志，防止无关人员误入
		室内工具箱	室内温度和湿度在合适的范围内
			高压室操作器具：绝缘手套1双、绝缘鞋1双、验电笔1支、接地线（变电型）1组、防电弧面具1个、安全遮拦4组，"在此工作""从此进出""禁止合闸、有人工作"安全标志各5块等
		其他	
	储油间	灭火器和自救呼吸器	（1）至少配4kg干粉灭火器（用于初期火灾）2具和35kg推车式灭火器1具，自救呼吸器2个； （2）自救呼吸器，封签完好，并在有效期内； （3）灭火器参照消防设施设备灭火器检查内容
		储油量	（1）储油间的储油量，满足机组持续运行不小于3h，体积不大于1m³，且防静电接地良好。 （2）储油间除油箱外，无其他储油设备，制定防止油品流散措施
			储油间应设置门槛，门槛的高度需保证油罐的油全部从油罐外溢后也不会漫过门槛

续上表

检查区域	检查部位	检查事项	检查内容及标准
沿线隧道场所	储油间	门窗	(1) 防火门处于常闭状态、朝外开启、门锁完好、接地； (2) 设置防止雨、雪和小动物从窗、门、桥架、电缆保护管等进入室内的设施； (3) 出入口设置0.5m高的挡鼠板和高150mm的不燃烧、不渗漏的门槛，不设地漏，留有进风口
		其他	
	水泵房	灭火器和自救呼吸器	(1) 建筑面积每75m²（含75m²以内）至少配置2具4kg手提式干粉灭火器和自救呼吸器2个； (2) 自救呼吸器，封签完好并在有效期内； **(3) 灭火器参照消防设施设备灭火器检查内容**
		消防应急照明灯具	(1) 应设置应急疏散照明灯和安全出口指示标识； (2) 外观完好，无破损、变形、老化现象； (3) "主电"显示绿灯，利用"试验"按钮，测试工作状态转变和供电等情况，断电后，供电时间大于90min； (4) 维护保养记录齐全、规范
		疏散通道	(1) 水泵房通道畅通； (2) 内无易燃易爆物品； (3) 水泵房内电器线路无私拉乱接现象
		水泵和控制柜	(1) 消防水泵应处在自动启泵状态，不应设置自动停泵功能，应能手动启停和自动启动； (2) 水泵电机工作状态正常，流量、电流等参数正常、无异响； (3) 日常维护保养记录，设备无锈蚀、污垢； (4) 消防水泵控制柜应设置机械应急启泵功能，水泵控制柜的显示功能（电压、电流、故障等）正常
		消防水池	(1) 消防水池应设置就地水位显示装置，并在监控中心设置显示消防水池水位的装置，同时应有最高和最低报警水位； (2) 高位消防水池的最低有效水位应能满足其所服务的水灭火设施所需的工作压力和流量，且其有效容积应满足火灾延续时间内所需消防用水量； (3) 消防水池的水位保持消防用水量； (4) 水位标尺正常工作； (5) 水池各种阀门处于正常状态
		其他	设置高度150mm的门槛和不少于1%的坡度进行排水
			生活用水水箱房间，设置门禁和监控摄像头
			生活及消防水泵控制柜与水泵设置在同一空间时，其防护等级不应低于IP55；泵房内电缆桥架应高位安装，其顶部距梁底或顶板宜为0.15m
			其他

续上表

检查区域	检查部位	检查事项	检查内容及标准
沿线隧道场所	通信机房	消防系统	设置气体（七氟丙烷或气溶胶）灭火系统（自动） （1）设备外观完好（巡检灯闪亮，电源灯常亮，转换盒设置为自动且绿灯常亮）； （2）灭火剂处于有效期内
			气体灭火系统，全面检测，包括性能测试等
		灭火器和自救呼吸器	（1）建筑面积每 75m²（含 75m² 以内）至少配置 2 具 4kg 手提式干粉灭火器及 1 具 35kg 推车式干粉灭火器，自救呼吸器 2 个； （2）自救呼吸器，封签完好并在有效期内； **（3）灭火器参照消防设施设备灭火器检查内容**
		消防应急照明灯具	（1）应设置应急疏散照明灯和安全出口指示标识； （2）外观完好，无破损、变形、老化现象； （3）"主电"显示绿灯，利用"试验"按钮，测试工作状态转变和供电等情况，断电后，供电时间大于 90min； （4）维护保养记录齐全、规范
			其他
	竖井通风设备房	风机	正常启动风机
			其他
	交通安全设施	交通锥	在隧道两侧的检修通道上，按 10~20m 的间距配置交通锥
		疏散指示标志	长度大于 500m 隧道： （1）应设置于隧道两侧墙上，底部与检修道高差不应大于 1.3m，间距不应大于 50m； （2）标志状态指示灯工作正常； （3）指示疏散箭头与奔跑方向一致； （4）标志灯断电后工作时间≥30min（备用工作状态下，需要工作 30min 以上）； （5）标志灯安装稳固、电源供应正常
			对隧道内的人员与车辆进行控制与诱导
		人行横洞	正常情况处于常闭状态；防火门能够正常开关，且无破损
			洞内灯光照明正常，且具备感应装置或与门联动控制
			指示标志（灯箱）清晰、完好
			地面无积水、整洁，没有杂物
		车行横洞	正常情况应关闭；防火卷帘门能够正常开关，且无破损
			洞内灯光照明正常，且与卷闸门联动控制
			指示标志（灯箱）清晰、完好
			地面无积水、整洁，没有杂物
			其他

续上表

检查区域	检查部位	检查事项	检查内容及标准
沿线隧道场所	交通工程及机电设施	交通监测设施	监控探头能正常对隧道内的停车、交通堵塞、行人、车辆逆行、火灾、车辆掉物、车辆抛物等行为进行监测
			视频交通事件检测系统是否能正常使用
			视频摄像头能正常连续监视
			视频摄像头画面清晰、对焦准确
		交通控制及诱导设施	可变信息显示屏能正常显示信息情报
			交通信号灯指示正常，红、绿和黄灯能正常切换
			交通信号灯显示清晰
			车道指示器红叉、绿箭两色灯正常切换
			车道指示器显示图案清晰
			交通控制及诱导设施能正常发送控制与诱导信息
		紧急呼叫设施	紧急电话设施按200m间距标准设置
			隧道广播能正常传递信息，声音均匀、内容清晰（至少15字的语音信息）
			手动紧急报警器，能与监控中心互相交流
			紧急电话设施、指示标志（灯箱）清晰可见
		通风设施	风机能正常送风，可以正转和反转
			监控能正常遥控启动风机（射流和轴流）
			风机运转过程中有无异响或异常振动
			CO检测器正常工作，且仪器检测精度每年标定一次
			能见度（VI）检测器外观无污染、损伤，能正常工作，且仪器检测精度每年标定一次
			风速风向检测器正常工作，且仪器检测精度每年标定一次
		照明设施	洞内和洞外亮度检测器正常工作，且仪器检测精度每年标定一次
			入口段、过渡段、中间段和出口段照明、亮度、均匀度满足要求
			洞内照明，能根据晴天、阴雨天、夜间等情况进行调节
			洞外路灯照明亮度正常
			外观无裂纹，焊接及连接部位状况良好
			市电断电，能正常切换至发电机供电
		紧急停车带	紧急停车带标志和紧急停车带位置提示标志，清晰
		供配电设施	变压器、高低压配电柜及变配电室内相关设备的外观完好、运行状态良好

续上表

检查区域	检查部位	检查事项	检查内容及标准
沿线隧道场所	交通工程及机电设施	接地与防雷	年度防雷检测报告
			接地电阻正常、无腐蚀
			其他
	其他工程	洞外联络通道	隔离设施完好，标志齐全，路面无落物
		洞口限高门架	门架有无变形，结构完好、标志齐全
			其他

表 D-10　养护工区隐患排查要点

检查区域	检查部位	检查事项	检查内容及标准
××方向养护工区		一般要求	建筑物的防雷装置年度防雷检测报告
			仓库无易燃易爆物品，或设置易燃易爆物品专用仓库
			消防通道无堵塞
	消防设施设备	消火栓（箱）	**1. 室外消火栓（箱）：** 月度检查： （1）外观完好、醒目，无锈蚀和漏水等现象； （2）消火栓的标识清晰（消防识别标识、使用方法标识）； （3）消火栓的维护保养记录齐全、规范； （4）消火栓清洁，设备完整； （5）栓口盖子便于取下，消火栓阀门开启灵活、无卡涩； （6）出水口闷盖密封，无缺损； （7）栓体外表面油漆完好、无脱落、锈蚀； （8）消火栓阀门井完好； （9）消火栓进行出水试验（水源充足，供水压力从地面算起不小于0.1MPa，水源无杂志、异味，水枪喷射无堵塞）； （10）消防水带、水枪无老化、破损、粘连； （11）消防水带设置直径（65mm或80mm）和长度（25m或20m）等规格符合要求，接口牢固； （12）连接水带并加压后，栓口接头无明显漏水。 **2. 室内消火栓（箱）：** （1）消火栓箱内设备齐全，无老化、破损、霉变； （2）外观检查，管道、阀门无漏水，阀门位于开启状态； （3）消火栓逐一进行出水试验（水源充足，水源无杂志、异味，水枪喷射无堵塞）； （4）消防水带、水枪无老化、破损、粘连； （5）消防水带设置直径（65mm或80mm）和长度（25m或20m）等规格符合要求，接口牢固；

续上表

检查区域	检查部位	检查事项	检查内容及标准
××方向养护工区	消防设施设备	消火栓（箱）	（6）破玻按钮外观无破损，远程启动水泵测试； （7）水泵控制箱所处控制状态正确； （8）消防水泵手动、自动状态下启动试验； （9）配置当量喷嘴直径16mm或19mm的消防水枪，但当消火栓设计流量为2.5L/s时宜配置当量喷嘴直径11mm或13mm的消防水枪； （10）消火栓自动止回阀正常，能够保持正常的水压（消火栓栓口动压力不应小于0.25MPa，不应大于0.5MPa，若大于0.5MPa，则应设置减压装置，可通过消火栓系统测压试水装置进行检测压力）； （11）电动机无损伤、锈蚀，机械性能良好； （12）水泵轴与电动机连接部位无松动、变形、损伤和严重锈蚀； （13）轴承润滑油足够，油污不被严重污染、变质，用手测试轴承转动正常； （14）继电器无脱落、松动，接触器接点正常； （15）消火栓的维护保养记录是否齐全、规范
		灭火器和自救呼吸器	**自救呼吸器检查：** 自救呼吸器，封签完好并在有效期内。 **灭火器检查：** （1）灭火器是否放置在指定区域并设置明显标示； （2）灭火器的铭牌是否朝外，并且器头宜向上； （3）灭火器的类型、规格、灭火级别和配置数量是否符合配置设计要求； （4）室外灭火器是否有防雨、防晒等保护措施； （5）灭火器周围是否存在障碍物、遮挡、拴系等影响取用的现象； （6）灭火器箱内是否干燥、清洁； （7）灭火器的铭牌是否无残缺，清晰明了，操作说明是否齐全； （8）灭火器的配件如喷嘴、压把、插销是否完好，未损坏、脱落或遗失； （9）灭火器的筒体是否无明显的损伤（硫伤、划伤）、缺陷、锈蚀（特别是筒底和焊缝）、泄漏； （10）灭火器喷射软管是否完好、无明显龟裂，喷嘴不堵塞； （11）灭火器的压力指示器是否指示在绿区范围内，并在有效期内； （12）灭火器的维护保养记录是否齐全、规范。 **（★以下灭火器检查内容同上）**
		消防应急照明灯具	（1）外观完好，无破损、变形、老化现象； （2）"主电"显示绿灯，利用"试验"按钮，测试工作状态转变和供电等情况，断电后，供电时间大于90min； （3）维护保养记录齐全、规范
		疏散通道	（1）通道畅通； （2）通道内无易燃易爆等物品堆放
		防雷检测	年度检测报告
		其他	

续上表

检查区域	检查部位	检查事项	检查内容及标准
××方向养护工区	办公楼、宿舍楼	消火栓（箱）	(1) 按钮外观正常，可以正常启动消防水泵供水； **(2) 室内消火栓（箱）参照消防设施设备消火栓检查内容**
		消防应急照明灯具	(1) 外观完好，无破损、变形、老化现象； (2) "主电"显示绿灯，利用"试验"按钮，测试工作状态转变和供电等情况，断电后，供电时间大于90min； (3) 维护保养记录齐全、规范
		灭火器和自救呼吸器	(1) 楼道（含疏散通道）、楼梯间，每25m至少配：4kg干粉灭火器2具和自救呼吸器2个； (2) 各功能室（会议室），每75m²至少配：4kg干粉灭火器2具和自救呼吸器2个； (3) 自救呼吸器，封签完好并在有效期内； **(4) 灭火器参照消防设施设备灭火器检查内容**
		紧急疏散标志	(1) 安全疏散指示标志应牢固、无遮挡； (2) 疏散指示的方向应准确、清晰
		办公室	(1) 电线无乱拉、老化、绝缘损坏、电线裸露等现象； (2) 大功率电气设备使用专用线路、插座和插头； (3) 不充电时，充电插头应拔下； (4) 插座插孔不存在变色变形和私接乱接，没有放置在床铺等可燃物品上
		宿舍	(1) 电线无乱拉、老化、绝缘损坏、电线裸露等现象； (2) 大功率电气设备使用专用线路、插座和插头； (3) 不充电时，充电插头应拔下； (4) 插座插孔不存在变色变形和私接乱接，没有放置在床铺等可燃物品上
		排烟设施	(1) 长度大于20m的内走廊； (2) 面积大于50m²，且经常有人停留或可燃物比较多，且无开启外窗的房间（如仓库）
		其他	
	厨房和餐厅	系统	(1) 设置可燃气体探测器，且在阀门、管道接口、出气口或易泄漏处附近方圆4m²的范围内，以及气体容易泄漏、易流经、滞留的场所，并尽量避免高温、高湿环境； (2) 可燃气体检测探头安装方式：房顶吊装、墙壁安装或抱管安装； (3) 可燃气体检测探头安装高度：天然气、城市煤气等相对密度小于空气，距屋顶1m左右安装；液化石油气等相对密度大于空气，距地面30~60cm高度安装； (4) 可燃气体探测器，外观完好、无损坏或变形，自检试验功能正常，至少每年标定1次

续上表

检查区域	检查部位	检查事项	检查内容及标准
××方向养护工区	厨房和餐厅	消火栓（箱）	室内消火栓（箱）参照消防设施设备消火栓检查内容
		灭火器和自救呼吸器	厨房每55m²（含55m²内）至少配：4具4kg干粉灭火器和自救呼吸器2个
			餐厅每75m²（含75m²内）至少配：4kg干粉灭火器2具；自救呼吸器2个
			自救呼吸器，封签完好并在有效期内
			灭火器参照消防设施设备灭火器检查内容
		消防应急照明灯具	（1）厨房、餐厅等人员密集场所，应设置应急疏散照明灯和安全出口指示标识； （2）外观完好，无破损、变形、老化现象； （3）"主电"显示绿灯，利用"试验"按钮，测试工作状态转变和供电等情况，断电后，供电时间大于90min； （4）维护保养记录齐全、规范
		厨房卫生	（1）冰柜无异味，生熟分离； （2）厨房操作间通风良好，地面无积水、油渍； （3）食品按规定进行48h留样（每样至少留样100g），并做好标记和记录
		厨房灶台	（1）灶台附近安装油烟净化器，并定期对油脂槽进行清理； （2）灶台附近至少有2块灭火毯； （3）灶台周围和上方没有杂物和易燃物品
		厨房线路	（1）全部使用电器炉具，各插座外观完好，性能正常，不存在变形、变色、烧毁等情况； （2）外露的电线电缆表面没有绝缘破损现象，接头没有破损和裸露； （3）电线没有乱拉，大功率电气设备使用专用线路、插座和插头，没有超负荷运行等现象； （4）使用电力的厨房设备，安装漏电开关、接地可靠、设备不漏水
		气源、气瓶供应商资质、日常管理制度等	（1）同一房间内不得使用两种及以上气源； （2）存瓶总质量超过100kg（折合2瓶50kg或7瓶以上15kg气瓶）时，应当设置专用气瓶间； （3）液化石油气钢瓶减压器使用期限为5年，密封圈使用期限为3年，到期应当更换并记录； （4）气瓶供应商应有相应资质； （5）制定饭堂日常管理制度、厨房设备操作规程等并制度上墙
		其他	

续上表

检查区域	检查部位	检查事项	检查内容及标准
××方向养护工区	发电机房	消防系统	设置气体（七氟丙烷或气溶胶）灭火系统（自动） （1）设备外观完好（巡检灯闪亮，电源灯常亮，转换盒设置为自动且绿灯常亮）； （2）灭火剂处于有效期内
			气体灭火系统，全面检测，包括性能测试等
		灭火器和自救呼吸器	（1）建筑面积每 $75m^2$（含 $75m^2$ 以内）至少配置 2 具 4kg 手提式干粉灭火器及 1 具 35kg 推车式干粉灭火器，自救呼吸器 2 个； （2）自救呼吸器，封签完好并在有效期内； **（3）灭火器参照消防设施设备灭火器检查内容**
		发电机	（1）面板仪表信号正常； （2）各部件外观完好，不存在过热、老化、开裂、变形、变色、损坏等异常情况； （3）柴油液位、冷却水液位、机油液位、压力等正常； （4）散热通风装置能正常运行； （5）皮带、电缆电线没有下落、断裂等现象； （6）电池连线及电池桩头连接可靠、电池电解液液位合理、电瓶电压正常； （7）设备可靠接地
		警戒标识	各类警示标识齐全、清晰准确
		出入口	（1）防火门处于常闭状态、朝外开启、门锁完好、接地； （2）设置防止雨、雪和小动物从窗、门、桥架、电缆保护管等进入室内的设施； （3）出入口设置 0.5m 高的挡鼠板和高 150mm 的不燃烧、不渗漏的门槛，不设地漏，留有进风口
		绝缘垫	应设绝缘垫，且干净、整洁，未发生位移
		消防应急照明灯具	（1）应设置应急疏散照明灯和安全出口指示标识； （2）外观完好，无破损、变形、老化现象； （3）"主电"显示绿灯，利用"试验"按钮，测试工作状态转变和供电等情况，断电后，供电时间大于 90min； （4）维护保养记录齐全、规范
		疏散通道	（1）通道畅通； （2）通道内无易燃易爆物品
		自带储油仓	（1）油箱的下部应设置防止油品流散的设施； （2）储油间的储油量，满足机组持续运行不小于 3h，体积不大于 $1m^3$，且防静电接地良好
		其他	

续上表

检查区域	检查部位	检查事项	检查内容及标准
××方向养护工区	配电房	消防系统	设置气体（七氟丙烷或气溶胶）灭火系统（自动）
			（1）设备外观完好（巡检灯闪亮，电源灯常亮，转换盒设置为自动且绿灯常亮）； （2）灭火剂处于有效期内
			气体灭火系统，全面检测，包括性能测试等
		灭火器和自救呼吸器	（1）建筑面积每75m²（含75m²以内）至少配置2具4kg手提式干粉灭火器及1具35kg推车式干粉灭火器，自救呼吸器2个； （2）自救呼吸器，封签完好并在有效期内； **（3）灭火器参照消防设施设备灭火器检查内容**
		消防应急照明灯具	（1）应设置应急疏散照明灯和安全出口指示标识； （2）外观完好，无破损、变形、老化现象； （3）"主电"显示绿灯，利用"试验"按钮，测试工作状态转变和供电等情况，断电后，供电时间大于90min； （4）维护保养记录齐全、规范
		绝缘垫	（1）绝缘垫干净、整洁，未发生位移； （2）各类警示标识齐全、清晰准确； （3）防火门处于常闭状态、朝外开启、门锁完好、接地； （4）设置防止雨、雪和小动物从窗、门、桥架、电缆保护管等进入室内的设施； （5）出入口设置0.5m高的挡鼠板
		警戒标识	
		出入口	
		室外警告标志	变配电室外设置警告标志，防止无关人员误入
		室内工具箱	室内温度和湿度在合适的范围内
			高压室操作器具：绝缘手套1双、绝缘鞋1双、验电笔1支、接地线（变电型）1组、防电弧面具1个、安全遮拦4组，"在此工作""从此进出""禁止合闸、有人工作"安全示志各5块等
		高低压柜	（1）设备工作状态、面板仪表信号正常，不存在异响、异味； （2）各部件外观完好，没有过热变色、绝缘老化、温度异常、闪络放电痕迹、损坏变形等； （3）开关实际位置与指示位置和运行方式相符； （4）弹簧储能机构指示正常、位置正确； （5）各处不存在松脱现象，没有积尘、锈蚀和放置杂物； （6）设备铭牌双重标识清晰、完整； （7）电路末端电压降没有超出规定要求； （8）运行中三相负荷平衡、三相电压相同； （9）高低压配电装置的操作区、维护通道铺设绝缘胶垫
		疏散通道	（1）通道畅通； （2）通道内无易燃易爆物品
			其他

续上表

检查区域	检查部位	检查事项	检查内容及标准
××方向养护工区	储油间	灭火器和自救呼吸器	(1) 至少配4kg干粉灭火器2具和35kg推车式灭火器1具，自救呼吸器2个； (2) 自救呼吸器，封签完好并在有效期内； (3) 灭火器参照消防设施设备灭火器检查内容
		储油量	(1) 总储存量不应大于$1m^3$，储油量满足机组持续运行不小于3h，且防静电接地良好； (2) 储油间除油箱外，无其他储油设备，储油间应设置门槛，门槛的高度需保证油罐的油全部从油罐外溢后不会漫过门槛
		门窗	(1) 防火门处于常闭状态、朝外开启、门锁完好、接地； (2) 设置防止雨、雪和小动物从窗、门、桥架、电缆保护管等进入室内的设施； (3) 出入口设置0.5m高的挡鼠板和高150mm的不燃烧、不渗漏的门槛，不设地漏，留有进风口
		其他	
	水泵房	灭火器和自救呼吸器	(1) 建筑面积每$75m^2$（含$75m^2$以内）至少配置2具4kg手提式干粉灭火器，自救呼吸器2个； (2) 自救呼吸器，封签完好并在有效期内； **(3) 灭火器参照消防设施设备灭火器检查内容**
		水泵和控制柜	(1) 消防水泵应处在自动启泵状态，不应设置自动停泵功能，应能手动启停和自动启动； (2) 水泵电机工作状态正常，流量、电流等参数正常、无异响； (3) 日常维护保养记录，设备无锈蚀、污垢； (4) 消防水泵控制柜应设置机械应急启泵功能，水泵控制柜的显示功能（电压、电流、故障等）正常
		疏散通道	(1) 水泵房通道畅通； (2) 无易燃易爆物品； (3) 水泵房内电器线路无私拉乱接现象
		消防应急照明灯具	(1) 应设置应急疏散照明灯和安全出口指示标识； (2) 外观完好，无破损、变形、老化现象； (3) "主电"显示绿灯，利用"试验"按钮，测试工作状态转变和供电等情况，断电后，供电时间大于90min； (4) 维护保养记录齐全、规范
		消防水池	(1) 消防水池应设置就地水位显示装置，并在监控中心设置显示消防水池水位的装置，同时应有最高和最低报警水位； (2) 高位消防水池的最低有效水位应能满足其所服务的水灭火设施所需的工作压力和流量，且其有效容积应满足火灾延续时间内所需消防用水量；

续上表

检查区域	检查部位	检查事项	检查内容及标准
××方向养护工区	水泵房	消防水池	(3) 消防水池的水位保持消防用水量，存在共用时，应有保证消防用水量的技术措施； (4) 水位标尺正常工作； (5) 水池各种阀门处于正常状态
		其他	(1) 消防管道有水流指示方向，阀门有标志、无滴水、漏水现象； (2) 管道穿墙穿楼板有防护套管，套管与管道的间隙用不燃材料封堵
			生活用水水箱房间，设置门禁和监控摄像头
			设置高度150mm的门槛和不少于1%的坡度进行排水
			泵房内电缆桥架应高位安装，其顶部距梁底或顶板宜为0.15m
			其他
	仓库	灭火器和自救呼吸器	(1) 每75m^2（含75m^2内）至少配：4kg干粉灭火器2具和自救呼吸器2个； (2) 自救呼吸器，封签完好并在有效期内； **(3) 灭火器参照消防设施设备灭火器检查内容**
		电气设备	仓库无私拉乱接现象
		物资	各类养护或应急物资使用货架分类存放，并建立动态台账
			应急物资数量与物资清单对应
			易燃易爆有毒物品，设独立专用仓库存放
			其他
	停车场	消火栓	场区消防栓+水带的射流，能覆盖灭火最不利点，消火栓与最近一排汽车的距离不宜小于7m，不宜大于40m
			(1) 消火栓应配备消防箱：20或25m消防水带1条，消防水枪和扳手； (2) 消防箱内的扳手、消防水带和水枪等无老化、破损、粘连； (3) 各种接头的垫圈完好
			室外消火栓（箱）参照消防设施设备消火栓检查内容
		灭火器	(1) 停车区，每60个车位（含60个内；60~120个，按120个计）至少配35kg干粉灭火器1具； **(2) 灭火器参照消防设施设备灭火器检查内容**
		车辆停放	分别设置车辆的专用停车区
		车辆检查	车辆维修保养记录（出车前车辆安全性能检查记录）
			其他

表 D-11 养护作业隐患排查要点

检查区域	检查阶段	检查事项	检查内容及标准
养护作业	日常管理	内业检查	项目部负责人带班制度，各部门和岗位安全职责
			作业现场明确安全管理人员
			明确养护工区消防责任人和区域，落实消防器具配置并进行维护
			占道养护施工方案、交通组织方案（重点是安全措施）、应急预案等编、审、批手续齐全，内容齐全、可操作性强，现场严格按照方案布设作业控制区
			按规定开展作业人员安全技术交底和班前安全交底
			现场特种作业人员按规定持证上岗
			现场作业人员劳保用品齐全
			制定重点岗位、重点设施设备、重点工序（如作业控制区布设和拆除）的安全操作规程并进行培训
	日常巡查		路面出现裂缝、坑槽、积水，标志损坏、涂改、移动，出现非公路标志标牌，公路建筑控制区内有损坏公路、污染路面、影响桥梁结构、影响安全驾驶等行为
			边坡出现裂缝、冲刷、水毁，挡土墙明显位移变形，路肩有杂物堵塞排水设施等现象
			控制区内出现影响桥梁结构安全的作业活动
			隧道墙体是否渗水、照明完好、排水系统畅通、洞口无落石、积水、坨工体是否破损，公路控制范围内是否存在影响隧道结构安全的作业活动
			涵洞排水沟是否畅通、隔离铁丝网是否完好、路面是否有泥沙堆积阻塞、涵洞坨工体是否损坏，公路控制范围内是否存在影响涵洞结构安全的作业活动
			沿线路树木、绿化植物是否有枯死折断等病害，是否有妨碍视距、遮挡标志牌、花基损坏等情况
			其他
	作业前	养护作业车辆管理	养护项目部做好施工车辆的日常管理工作，确保车辆正常安全运行
			施工车辆遵守交通安全法规，严禁超速行驶、人货混装、隧道口掉头、非交通管制区域倒车等违规作业行为
			移动式标志车颜色应为黄色，顶部应安装黄色警示灯，后部应安装标志灯牌

续上表

检查区域	检查部位	检查事项	检查内容及标准
养护作业	作业前	养护作业车辆管理	施工车辆驾驶室顶部明显处应设置箭头指示灯，对于特殊车辆（驾驶室高度不足），应在其最高部位顶部明显处设置箭头指示灯
			检查车头车尾的车灯、车尾保险杠、水箱、机油、轮胎等
			作业车辆配备车载监控、行车记录仪、倒车影像、GPS 定位系统、对讲机等
			作业车辆配备车载警示警报灯、闪光箭头信号灯牌、移动作业标志、红白反光标记、两侧高音警示喇叭
			防撞缓冲车加配两侧红蓝警示灯、大屏闪光箭头灯；车尾厢不得装载任何物品
			巡查车加配两侧红蓝警示灯、应急用声光交通锥
			作业车辆按规定开展定期维保，车辆箭头指示灯、尾部警示灯、轮廓警示标等设施、装置齐全、完好
			其他
		公路养护安全设施	**安全标志：** （1）养护作业控制区安全标志按现行规范布置； （2）破损、变形、褪色等不符合要求的及时修复、替换； （3）检查占道施工所用的标志牌和交通锥的款式和数量
			车道渠化设施： （1）交通锥形状、颜色和尺寸符合规范，布设在控制区上游过渡区、缓冲区、工作区和下游过渡区，布设间距不宜大于10m，其中上游过渡区和工作区布设间距不宜大于4m； （2）防撞桶颜色应黄、黑相间，顶部可附设警示灯，用于下坡路段养护作业，宜布设在工作区或上游过渡区与缓冲区之间； （3）防撞桶使用前灌水量不少于内部容积的90%，冰冻季节可灌沙，灌沙量不少于90%； （4）防撞墙和施工隔离墩颜色应黄、黑相间，顶部可附设警示灯，用于下坡路段养护作业，宜布设在工作区或上游过渡区与缓冲区之间； （5）水马颜色为橙色或红色，使用前灌水量不小于内部容积的90%，冰冻季节灌沙量不小于90%； （6）附设警示灯的路栏颜色为黄、黑色相间，宜布设在工作区或上游过渡区与缓冲区之间
			移动标志车： （1）车身颜色应为黄色，顶部应安装黄色警示灯，后部应安装标志灯牌； （2）用于临时养护作业或移动养护作业
			车载式防撞垫： 颜色应黄、黑相间，可安装在养护作业车辆或移动式标志车的尾部

续上表

检查区域	检查部位	检查事项	检查内容及标准
养护作业	作业前	公路养护安全设施	**交通安全指挥假人模型：**模型应穿反光服、戴安全帽，模型手臂上下摆动，警示车辆行人注意安全；配有警示灯，利于夜间施工警示
			其他
		人员	养护人员配备橘红色作业服、反光衣；夜间施工时，增加警示灯
			在养护车辆出车前，作业人员是否检测呼气酒精含量
			其他
		养护作业控制区布设	养护作业控制区布置要点按照《高速公路日常养护作业安全标准化指南》和《公路养护安全作业规程》（JTG H30—2015）的规定操作
			占道施工作业控制区安全设施的布设应按移动作业要求进行，布设前无关人员应全部撤场
			占道施工作业安全设施的布设顺序应从警告区开始，向终止区推进，确保已摆放的安全设施清晰可见
			占道施工作业人员摆放标志应按照先高速公路外侧、后高速公路内侧，先交通标志后安全隔离设施（如锥形交通路标、隔离墩等）的次序顺车流方向摆放
			在作业区域进行交通锥摆放时，宜采用带有闪光箭头的施工摆放车辆
			作业控制区布设、移除按规定程序报备。现场作业控制区布设、移除完成后，按规定组织自检或验收
			其他
	作业中	养护作业控制区管理	根据不同的占道施工类型和需要提前报批天数进行申报，同意后再开工
			占道施工信息"双报备"（进场施工前和施工完毕后）
			配备专职安全管理员，对现场安全情况，进出人员、车辆以及交通安全设施进行管控
			作业控制区的布设和拆除应在白天进行，原则上不得在夜间时段进行布设和拆除（应急抢修除外）
			作业控制区夜间不能撤离的，应采取必要的安全措施，做好施工现场夜间安全防护和夜间警示措施，确保正常交通通行秩序
			材料、机具、设备等作业物品的摆放停放要在工作区内，整齐有序
			材料堆码高度一般不超过1.5m
			过渡区内不得堆放材料；公路陡坡、急弯内侧的路肩严禁堆放砂石料等堆积物

续上表

检查区域	检查部位	检查事项	检查内容及标准
养护作业	作业中	养护作业控制区管理	工作区内长、大型设备进行作业时，应保证吊杆、传送带等悬出部分不能伸出作业控制区，不影响相邻车道的车辆正常通行
			养护作业控制区应设置工程车辆专门的出、入口，并宜设在顺行车方向的下游过渡区内
			当工程车辆需经上游过渡区或工作区进入时，应布设警告标志并配备交通引导员
			养护作业期间，施工车辆需开启作业标志灯及黄色警示灯
			车辆需有专人引导进入或撤离作业区，同时注意避让现场作业人员及设备
			所有的进场车辆必须在作业区内指定地点停放，车辆不得违规掉头
			过渡区内不得停放车辆。停放的作业车辆不得侵占作业控制区外的空间，也不得危及桥梁、隧道等结构物的安全
			作业中若有社会车辆进入作业控制区域内，应立即停止施工，做好防护措施，并通知路政及交警协调处理
			所有进场车辆必须配备消防安全设备
			其他
	作业后	养护作业控制区撤除	占道施工作业控制区安全设施的撤除应按移动作业要求进行，撤除前无关人员应全部撤场
			占道施工作业控制区安全设施的撤除顺序，除警告区标志的撤除顺序应与布设顺序相同外，其他应与布设顺序相反
			作业人员撤除交通标志及安全隔离设施，应按照先高速公路内侧后高速公路外侧的原则进行
			作业完成后，所有车辆必须按照指定路线撤离，在确保人员、设备、机械全部撤离后，方可撤掉安全防护设施
			其他
		电力作业	穿戴安全帽、佩戴绝缘手套（如需）、绝缘靴
			露天装设的电气设备，应有防雨、防潮的措施
			每台用电设备应有其专用的开关箱，确保"一机一闸一保护"
			安装、维修或拆除临时用电工程，必须由电工完成，且电工应持证上岗
			各类用电人员在作业前应接受安全用电基本知识和所用设备的基本性能的教育培训
			使用设备前必须按规定穿戴劳动防护用品，并检查电气装置和保护设施是否完好，设备不得带"病"运转

续上表

检查区域	检查部位	检查事项	检查内容及标准
养护作业		电力作业	停用的设备必须拉闸断电，锁好开关箱
			线路铺设规范，配电箱、开关箱应及时上锁，用电标志明显
			至少两人作业
			其他
		登高作业	作业前应穿戴安全帽，佩戴安全带
			检查高空车摆放或者脚手架搭设是否符合要求
			现场配备安全员
			高处作业应设专人监护，监护人员不得随意离开，作业人员不应在作业处休息
			作业使用的工具、材料、零件等应装入工具袋，上下时手中不应持物，不应投掷工具、材料及其他物品。易滑动、易滚动的工具、材料堆放在脚手架上时，应采取防坠落措施
			其他

表 D-12 路政作业隐患排查要点

检查区域	检查阶段	检查内容及标准
路政作业	上路巡查前	检查巡查车辆的安全性能是否正常，包括水箱、机油、轮胎等，并拍照记录
		车辆使用登记表、车辆行车前检查表是否及时准确进行填写（表格须随车携带）
		驾驶前必须认真检查工作设备，保持良好可用，含车辆的内外观、水箱、机油、轮胎等，并拍照记录
		设备异常是否有备注（设备如执法记录仪、相机、皮尺等）
		是否及时清理、保养相应设备
		保持安全装备充足，使用状态良好，设备异常是否有备注（如安全设施、药箱、反光锥、事故提示标志牌等）
		在公务车辆出车前，路政人员是否检测呼气酒精含量
		涉路施工活动前，是否对涉路施工手续进行审查及对作业控制区布设进行验收
		其他
	路政巡查	巡查车辆是否在公路右侧行车道行驶
		路政人员数量不得少于 2 人，且穿好反光标志服
		实施车辆巡查时，巡查车辆按照不超过 80km/h 的速度行驶；接到突发事件处理指令时，巡查车辆不得超过该路段限速值
		巡查车辆在全封闭作业外，是否有逆行、倒车或利用中央分隔带应急口穿越对向车道

续上表

检查区域	检查阶段	检查内容及标准
路政作业	路政巡查	巡查或执行紧急任务时，巡查车辆应开启车顶警灯
		恶劣天气通行条件较差时，应加开危险警示灯减速慢行；处理事件时，巡查人员应注意自身安全防护，巡查车辆应停在右侧路肩，开启示宽灯，并从右侧车门下车（驾驶员除外）
		路面出现影响交通安全的裂缝、坑槽、积水
		标志损坏、涂改、移动，出现非公路标志标牌
		公路建筑控制区内有损坏公路、污染路面、影响桥梁结构、影响安全驾驶等行为
		边坡出现明显裂缝、冲刷、水毁，挡土墙明显位移变形，路肩有杂物堵塞排水设施等现象
		桥面铺装是否完好；伸缩缝、泄水孔有无损坏、堵塞；桥梁护栏等标志标识是否完好；控制区内出现影响桥梁结构安全的作业活动
		有无按照规定进行路政日常巡查，定期对高速公路及公路用地、公路建筑控制区、两侧广告控制区、桥梁禁止采砂区、危险源控制区、桥梁保护区、桥梁周围疏浚作业区及桥下空间（是否有违法搭建、堆放易燃易爆物品）等区域进行巡查
		是否存在利用公路桥梁进行牵拉、吊装等危害公路桥梁安全的施工作业现象
		是否存在未经批准破坏公路用地范围内护林的现象
		是否存在在公路上设卡、收费以及未经有关交通运输主管部门批准擅自进行公路建设项目施工的行为
		隧道墙体是否渗水，照明有无故障，排水系统畅通，洞口无落石、积水，圬工体是否破损，公路控制范围内是否存在影响隧道结构安全的作业活动
		涵洞排水沟是否畅通、隔离铁丝网是否完好、路面是否有泥沙堆积阻塞、涵洞圬工体是否破损、公路控制范围内是否存在影响涵洞结构安全的作业活动
		沿线路树木、绿化植物是否有枯死折断等病害，是否有妨碍视距、遮挡标志牌、花基损坏等情况
		沿线设施中公路标识标线设置是否错误、不完善、有无残缺、反光效果差，护栏、百米桩、轮廓标、示警桩、防撞桶等设施是否缺损、褪色、剥落和污染
		施工过程，重点对作业控制区各区的长度设置是否规范、标志标牌及相关安全设施摆设是否符合要求、现场作业行为是否影响通行车辆安全等方面进行检查
		作业人员穿着橘红色反光衣；夜间施工时，增加带警示灯的反光衣
		是否按规定布设安全设施，如临时标志与标线、交通锥、防撞桶、水马或防撞墙、附设警示灯的路栏、交通安全指挥假人模型、移动式标志车、防撞缓冲垫（防撞缓冲车）、智能防撞（防闯入）主动预警系统等
		大件运输车辆行驶前，是否对运输许可进行审查
		是否开展违法超限运输治理
		其他

续上表

检查区域	检查阶段	检查内容及标准
路政作业	交通事故处理	进行现场处置的路政人员不得少于 2 人
		路政人员穿好反光标志服，携带必要装备
		赶赴事故现场路上，车辆开启车顶警灯和车载无线视频传输系统
		围蔽前，车辆应停在距离事故起点来车方向开启事故现场来车、示警灯、报警器
		一人携带 3 个交通锥自来车方向 100m 外开始围蔽现场并警戒；其余人员在来车方向 90m 外，摆放线形诱导牌和交通锥进行围蔽，围蔽时要始终面向来车方向
		围蔽后，路政车辆停放在事故现场的去车方向前方。车辆停放后方向盘向左（围蔽左侧车道的）或者向右（围蔽右侧车道的）打尽，撤除线形诱导牌和交通锥时应按摆放顺序逆向依次撤除
		（1）设置警告标志时，应当在距离事故现场来车方向设置醒目的警告标志和减（限）速标志； （2）事故现场处于下坡（或弯道）路段，警告标志应当视现场情况在规定距离以外的坡顶、上坡路段（或者进入弯道前端）开始设置，以便引导来车及时减速、变道
		（1）摆放反光锥时，应当在距事故现场来车方向 150m 外，顺来车方向从起始点往事故现场摆放反光锥（回收时按相反方向操作），反光锥布设间隔应不超过 10m，夜间或雨雾等特殊气象条件下可适当缩短反光锥布设间隔； （2）遇弯道、匝道、隧道交通事故及夜间或雨雾等特殊气象条件下时，交通锥起始点摆放位置应根据现场环境确定，一般应当在距事故现场来车方向 200m 外
		处理危险化学品运输车辆交通事故时，路政人员必须佩戴防毒面具等防护用具。在距事故现场外围的安全位置，及时向过往车辆司乘人员、事故车驾驶人或押运人员了解运载危险化学品的名称、有无烟雾、泄漏程度、危害程度等情况
		其他
	劝离行人、自行车、摩托车等	正确判断来车速度和车距，选择适当时机进行作业
		非紧急情况，未徒步穿越中央分隔带进行作业
		其他
	巡查结束后	与上一班组形成交接班记录及移交需要跟进事项

表 D-13 收费作业隐患排查要点

检查区域	检查阶段	检查事项	检查内容及标准
收费作业	作业前	收费和路管人员	上岗前接受岗前业务及安全培训
			上岗前安全自查，未携带危险物品和违禁品上岗作业
			乘坐交通车系好安全带
			收费人员正确穿戴安全防护用品
			其他

续上表

检查区域	检查阶段	检查事项	检查内容及标准
收费作业	作业前	稽查人员	上岗前接受岗前业务及安全培训
			上岗前安全自查，未携带危险物品和违禁品上岗作业
			稽查人员正确穿戴安全防护用品
			乘坐交通车系好安全带
			其他
	作业中	收费人员	进出收费亭及时锁上收费亭门锁
			禁止在收费亭内使用电烤炉、电火箱等高负荷电器设备，禁止在收费亭内私自外接线路
			广场行走时应走安全通道，并做到"一停、二看、三通过"，不在栏杆下通过
			开、关及清洁车道时面对来车方向
			遇到突发事件立刻报告，按照应急预案要求使用应急器材，执行现场处置方案
			禁用肢体拦截车辆
			雷雨天气和易燃易爆品附近严禁使用对讲机等无线通信设备
			入口拒超：引导劝返车辆时，有2人相互配合
			入口拒超：人员站在正确位置进行指引
			入口拒超：遇车辆强行冲卡时，现场工作人员以正确方式处理
			其他
		稽查人员	行走时做到"一停、二看、三通过"，不在栏杆下通过
			采取正确方式拦截逃费车主
			其他
		ETC故障疏导	ETC车道故障由专人使用ETC手持式收费终端设备
			其他
		绿通查验	核验"绿色通道"车辆、空载降档车辆拍照取证时，要待车辆熄火停稳后，尽量选车辆两侧的安全位置进行核验
			监督检查车辆后方使用反光锥封闭车道
			其他
		收费纠纷处理	对于闯关逃费车辆时，现场工作人员以正确方式处理
			其他
		节假日免费放行	对车流量大的收费广场应提前分道引导
			要安排专职人员负责广场的交通指挥，站在安全位置引导车辆
			其他

表 D-14 机电作业隐患排查要点

检查区域	检查阶段	检查事项	检查内容及标准
机电作业	作业前	技术交底	督促承包单位制定重点岗位、重点设施设备的安全操作规程
			对作业人员开展安全教育,告知作业风险源,做好技术交底工作
			制定详细的交通组织保障方案,方案中作业控制区设置应符合相关规范要求
			其他
		信息上报	按要求对作业内容进行手续审批,完成施工许可审批后方可进行作业
			沿线公路交通阻断信息应在交通运输部路况信息管理系统或广东普通公路交通阻断信息报送群中进行上报,所报事件内容应全面,无漏报,报送时限符合上级要求
			其他
		人员、设备检查	特种作业人员应持在有效期内的特种作业证入场作业
			作业前应对作业车辆状态、安全措施、作业设备(反光衣、安全带、交通锥、交安标志、警报灯等)、工具等进行检查
			在车辆出车前,作业人员是否检测呼气酒精含量
			其他
		隧道作业	机电维修人员进入隧道作业前应将相关情况告知隧道监控室,对相关指示标志进行更改
			其他
		场外维护作业	维护单位必须提出书面申请,提交相关资料,完成施工许可审批,在路政部门审查后设置好交通安全设施的情况下,方可动工
			其他
	作业中	通用项检查	作业人员在进行作业时应穿着反光背心,配备必要防护设备(如绝缘鞋、安全帽、手套等)
			作业车辆应按规程要求开启示警灯具
			作业现场须配备安全管理人员
			作业现场应做好防护隔离、警示告知和作业人员防护措施
			不允许作业人员跨越作业控制区活动
			施工线缆和临时用电电缆不允许悬空挂放
			一般情况下不得带电作业,必须带电作业时,应做好可靠的安全保护措施,同时有两人进行作业,一人操作,一人监护
			停电检修设备时,在可能来电的各方向设有明显的断开点,在开关操作手柄上悬挂"严禁合闸,有人作业"的标示牌

续上表

检查区域	检查阶段	检查事项	检查内容及标准
机电作业	作业中	通用项检查	对机电设备（如柴油发电机）进行操作或试运行时，严格按照该设备的操作规程进行，操作人员应配有电工上岗资格证
			作业人员未经申请不允许操作变配电室设备
			其他
		隧道作业	进入有限空间前应进行有害气体检测
			作业过程中，隧道监控室根据现场反馈情况，适时开启风机、照明等设备
			机电维修人员在隧道作业的过程中由于空气质量、噪声等造成身体不适时应立即停止作业，离开隧道
			其他
		场外维护作业	机电维修人员必须穿着安全标志服，不得在作业区外活动或将任何维护机具和物料置于作业隔离区以外
			不准擅自变更控制标志和区域或扩大维护作业范围
			其他
		路段光电缆维护作业	在高压线下方或附近进行作业时作业人员的身体与高压线及电力设施之间应保持安全间距（1～35kV 的线路为 6m 以上；35kV 以上的线路为 8m 以上）
			当电力线缆出现漏电时，作业人员必须立即停止作业，禁止进入危险地带，指定专人采取措施排除故障，故障未排除前，禁止作业
			其他
		高处作业	作业前对登高设备进行空斗试操，确认液压传动、升降、伸缩等系统工作正常
			作业前对高空作业中的安全标志、工具、仪表、电气设施和各种设备进行检查
			对无人员上下通道的高处机电设备进行维护维修作业时，应使用高空作业车
			维护作业场所有可能坠落的物件，应一律先行撤除或加以固定
			操作绝缘斗臂车人员应熟悉带电作业的有关规定，在工作过程中不得离开操作台，且斗臂车的发动机不得熄火
			高处作业人员按要求配备全身式安全带
			脚手架上应张贴反光标识，且不得在脚手架上摆放电缆
			高处作业在同一垂直面上下交叉作业时，须设置有效的安全隔离和安全网，下方作业人员须按规定佩戴好安全帽
			其他

续上表

检查区域	检查阶段	检查事项	检查内容及标准
机电作业	作业中	收费车道作业	机电维修人员过往车道时，遵循"一停、二看、三通过"的规定
			其他
		坑道作业	在对收费亭内人井作业时，搬动防静电地板应采用地板吸盘，严禁用其他工具撬开地板，对防静电地板造成损坏
			由于长时间处于密闭状态，打开井盖时切勿立即下井作业
			下井作业时，需使用照明工具，严禁使用明火照明。对线缆的维修，要严格按照安全用电的规范操作
			其他
		隧道消防水池作业	上山进行高位水池作业时，应穿防滑鞋、长裤等保护，以防蚊、虫、蛇叮咬
			池内作业全过程必须有专人负责监护，并配备必要的救护药品、用品，与池内作业人员保持密切联系
			进池作业前应检测池内有毒有害气体情况，并保持良好的通风状态。池内空气不良时禁止池内作业，并及时撤离
			进池内作业时必须戴安全带，每次不超过30min
			其他
		配电房作业	电气设备的金属外壳，防火门等必须有可靠的接地或接零，不得拆除其接地线
			在配电室的电气设备上的作业必须严格按照操作规程进行操作
			供配电房的专用安全防护用品，不得另作他用，并定期检查其安全性能，供配电房必须配有专用干式灭火器材，并保持长期性有效
			高压拉杆作业时，必须按规定使用绝缘棒，穿戴安全帽、高压绝缘手套、绝缘靴
			其他
	作业后		应完全清理临时围蔽设施以及作业材料
			应按规定要求逆交通流方向清理交通安全设施
			作业完成后未及时告知隧道监控室，相关交通诱导设备的指示信息未及时修改
			其他

附录 D　运营高速公路隐患排查要点

表 D-15　拯救作业隐患排查要点

检查区域	检查阶段	检查事项	检查内容及标准
拯救作业	作业前	技术交底	对作业人员开展安全教育，告知作业风险源，做好技术交底工作
			制定详细的交通组织保障方案，方案中作业控制区设置应符合相关规范要求
			其他
		车况检查	车载 GPS 电源指示灯正常闪亮，设备能正常工作
			摄像头、喇叭、灯光、雨刮器、后视镜等正常工作
			确保轮胎无异常，并剔除轮胎表面嵌入的异物，察看花纹深度是否符合标准
			发动机运转时无异响、异常，皮芊的松紧情况良好，无裂痕
			发动机的机油、冷却液、电池液、燃油无渗漏变质，并视需补充
			转向机构、制动机构及传动机构的效能良好，各连接件完好牢固
			上装系统各部位螺栓、螺母无松动，钢丝绳完好及各种管道连接处牢固，液压油无渗漏
			车辆使用登记表、车辆行车前检查表及时准确进行填写（表格须随车携带）
			在拯救车辆出车前，拯救人员是否检测呼气酒精含量
			其他
		救援工具检查	警灯、警报、上装操作遥控器、车载爆闪灯及吸铁式爆闪灯的状态良好
			反光锥、带架反光牌、反光布的数量充足，反光效果良好
			手推车整体结构牢固，两个滚轮滚动自如
			灭火器、防毒面具的数量充足，能正常使用，无过期
			三角木、枕木、木糠、扫把、铁铲配备齐全且能正常使用
			绑带（或链钩）、托叉、抱胎装置、辅助轮的数量充足，能正常使用
			备胎、千斤顶的配备齐全，能正常使用
			行驶证、加油卡、ETC 设备齐全、完整
			钢丝绳无锈蚀、断丝，检查吊带无破损、开裂
			风炮、气管装置、救援新能源车工具包及省力扳手能正常使用，"120 件工具组合"配备齐全
			其他
		行动报备	收到隧道事故救援信息后，应通知路段监控中心启动事故车道禁行指示灯和隧道警报系统，并开启警灯、照明灯、示廊灯，鸣响警报
			在实施收费广场事故现场车辆清障作业时，应先行通知收费站启动相关事故车道禁行指示，并通知收费站工作人员做好收费广场的交通疏导工作

续上表

检查区域	检查阶段	检查事项	检查内容及标准
拯救作业	作业前	行动报备	收到危险化学品、易燃易爆品车辆事故、火灾事故救援信息后，应先报告交警和路政后，赶赴现场
			其他
	作业中	通用项目检查	清障车辆应首选在距现场区域来车方向150m外停放
			拯救人员数量不得少于2人，且穿好反光标志服，携带必要装备
			按规定使用灯光、警灯、警报
			驾驶过程中未出现接打电话、吸烟、闲聊、玩手机等不安全行为
			下车前提前打开肩章式爆闪灯
			按规定要求、顺序，相互配合设置安全防护区域
			引导、提醒车主及乘客至安全区域（护栏外等）
			作业现场无关人员不能进入或滞留（经引导、提醒仍不离开现场的情况除外，但应做好提醒视频记录）、不与无关人员闲聊等，未在作业现场吸烟
			严格按规定实施车辆清障救援作业（平板装载、托举、托牵、吊装等），吊装作业佩戴安全头盔
			作业现场，两名队员站位合理，至少有一名队员始终面朝来车方向进行警戒瞭望
			作业过程中，在安全隔离区域或路肩安全地带内活动
			按规定对被救援车辆绑牢、固定
			按规定撤除、回收安全围蔽的设备设施；解除围蔽时，在作业现场中心位置附近进行简易围蔽
			按规定开启被救援车辆灯光，并在被救援车辆尾部悬挂反光警示标志、爆闪灯
			从现场区域的来车方向150m外至作业现场连续摆放反光锥，反光锥间距不超过10m，上游过渡区呈斜弧形摆放，距离不低于30m
			在围蔽区域内来车方向的最远端摆放反光牌和爆闪灯
			不得单独围蔽中间车道
			拖车前应对被救援车辆进行检查并切断被救援车辆电源
			按操作规程正确使用救援器械
			现场照片拍摄应在围蔽区内进行
			占用相邻车道、超车道作业前，应通知交警、路政人员到场
			发现被救援车辆起火，或危险化学品泄漏等情况时，通知路段监控中心和交警等相关部门，按照车辆火灾事故或危险化学品车辆处理流程作业
			其他

续上表

检查区域	检查阶段	检查事项	检查内容及标准
拯救作业	作业中	隧道事故救援	从现场区域来车方向200m外至作业现场连续摆放反光锥
			事故导致隧道交通严重拥堵且对清障作业造成较大安全威胁时,需通知交警、路政等部门采取临时交通管制措施
			隧道发生火灾事故、危险化学品车辆事故、较严重交通事故、造成两条及以上车道封闭的事故或故障,且路政和交警赶赴现场的情况下,待现场交警、消防、安监、应急办等相关部门确认作业现场处于安全状态后,才可进入隧道事故现场实施作业
			其他
		弯道事故救援	清障车辆应在距现场区域来车方向200m外停放,开启警灯、鸣响警报,从现场区域来车方向200m外至作业现场连续摆放反光锥
			夜间、雨雾天气、交通严重拥堵且对清障作业造成较大安全威胁时,应通知交警、路政等部门采取临时交通管制措施
			其他
		危险化学品、易燃易爆品车辆事故、火灾事故救援	应在交警、消防、安监、应急办等相关部门确认现场处于安全状况后实施作业
			救援作业方案需要经交警、路政或现场联勤小组的同意后才可进行救援行动
			在实施危险化学品、易燃易爆品、火烧车辆起吊、拖拽过程中,至少安排一名拯救队员实施警戒提醒工作
			工作人员应配备安全防护装备,站立于上风位清理危险化学品
			其他
		夜间或雨、雾天气救援	清障车辆应开启警灯、照明灯、示廓灯、鸣响警报,拯救队员需配备足够的照明设备,穿着反光衣
			从现场区域来车方向200m外至作业现场连续摆放反光锥
			其他
		起重作业	吊装区域是否设置警示牌、警戒线和警灯
			作业前是否交底,现场是否有专人监管
			工作人员应配备安全防护装备
			其他
	作业后		按操作规程要求逆交通流方向清理交通安全设施
			及时将事故现场照片上传调度系统
			危险化学品、易燃易爆品车辆事故、火灾事故救援后作业人员应进行全身清洁,防止造成中毒
			拖运过程中不得存在超载、超高、超宽等行为
			其他

附录 E 运营高速公路隐患排查治理台账

单位名称：　　　　　　　　　　　　　　　　　　　　　制表人：　　　　　　　　　　审批人：　　　　　　　　　　日期：

表 E 运营高速公路隐患排查治理台账

序号	隐患发现时间	隐患发现方式	隐患发现人	隐患部位	隐患描述	隐患等级	是否重大隐患①	整改要求	责任部门	责任人及电话	整改情况	整改完成日期

说明：①重大事故隐患参照交通运输部办公厅印发《公路运营领域重大事故隐患判定标准》（交办安公路〔2023〕59 号）

附录F 运营高速公路消防设施配置表

表F-1 办公、生活区灭火器配置要求

序号	配置场所	要求类型	配置数量	备注
1	充电桩	4kg手提式干粉灭火器	2具	每台充电桩(含1个)
		60L水基(E类)灭火器	1具	每500m²(含500m²内)充电面积
2	停车场	35kg推车式干粉灭火器	1具	每60个车位(含60个内;60~120个,按120个计)
3	宿办楼	4kg手提式干粉灭火器	2具	办公楼、宿舍楼道每25m(含25m以内)
4	多功能厅	4kg手提式干粉灭火器	2具	
5	会议室	4kg手提式干粉灭火器	2具	
6	档案室	设置气体(七氟丙烷或气溶胶)灭火系统(自动)	—	
		4kg手提式干粉灭火器	2具	
7	餐厅	4kg手提式干粉灭火器	2具	
8	监控大厅	4kg手提式干粉灭火器	2具	
9	数据机房	设置气体(七氟丙烷或气溶胶)灭火系统(自动)	—	按建筑面积每75m²(含75m²以内)
		4kg手提式干粉灭火器	2具	
10	通信机房	设置气体(七氟丙烷或气溶胶)灭火系统(自动)	—	
		4kg手提式干粉灭火器	2具	
		35kg推车式干粉灭火器	1具	
11	发电机房	设置气体(七氟丙烷或气溶胶)灭火系统(自动)	—	
		4kg手提式干粉灭火器	2具	
		35kg推车式干粉灭火器	1具	

续上表

序号	配置场所	要求类型	配置数量	备注
12	配电房	设置气体（七氟丙烷或气溶胶）灭火系统（自动）	—	按建筑面积每 75m² （含 75m² 以内）
		4kg 手提式干粉灭火器	2 具	
		35kg 推车式干粉灭火器	1 具	
13	水泵房	4kg 手提式干粉灭火器	2 具	
14	仓库	4kg 手提式干粉灭火器	2 具	
15	储油间	4kg 手提式干粉灭火器	2 具	—
		35kg 推车式干粉灭火器	1 具	
16	厨房	4kg 手提式干粉灭火器	4 具	按建筑面积每 55m² （含 55m² 以内）

注：各高速公路运营单位根据实际情况将具体平方米数转化为实际的建筑场所进行排查。

表 F-2 收费站灭火器配置要求

序号	配置场所	要求类型	配置数量	备注
1	办公楼	4kg 手提式干粉灭火器	2 具	办公楼楼道每 25m（含 25m 以内）
2	发电机房	设置气体（七氟丙烷或气溶胶）灭火系统（自动）	—	按建筑面积每 75m² （含 75m² 以内）
		4kg 手提式干粉灭火器	2 具	
		35kg 推车式干粉灭火器	1 具	
3	配电房	设置气体（七氟丙烷或气溶胶）灭火系统（自动）	—	
		4kg 手提式干粉灭火器	2 具	
		35kg 推车式干粉灭火器	1 具	
4	储油间	4kg 手提式干粉灭火器	2 具	—
		35kg 推车式干粉灭火器	1 具	
5	收费站房	4kg 干粉灭火器	2 具	按建筑面积每 75m² （含 75m² 以内）
		4kg 干粉灭火器	2 具	每个收费岗亭外
		4kg 干粉/二氧化碳灭火器	1 具	收费岗内
		推车式干粉灭火器	1 具	每 2 条通行车道

注：各高速公路运营单位根据实际情况将具体平方米数转化为实际的建筑场所进行排查。

表 F-3 加油站灭火器配置要求

序号	配置场所	要求类型	配置数量	备注
1	加油：每2台油机	4kg 干粉灭火器	≥2 具	加油机不足2台按2台算
		灭火毯	≥2 块	不少于2块
2	站房前	35kg 推车式灭火器	1 具	距最远保护距离不超过24m
		4kg 手提式干粉灭火器	5 具	距最远保护距离不超过12m
3	收银台或者办公室机柜	2-3kg 二氧化碳灭火器	1 具	有中控装置或电气设施的配置，可放在柜台附近
4	便利店内	4kg 干粉灭火器	2 具	按建筑防火要求设置
5	一、二级加油站	灭火毯	5 块	沙子不少于 $2m^3$
6	三级加油站	灭火毯	2 块	沙子不少于 $2m^3$
7	储罐区	消防间	1 座	有条件情况下
		35kg 干粉灭火器	1 具	
		灭火毯	2 块	
		沙铲	3~5 把	
		沙桶	3~5 个	
		沙池一座	$2m^3$	
8	发配电房	配电房与发电机在同一室内的可放 2~3kg 二氧化碳灭火器及 4~8kg 干粉灭火器	二氧化碳灭火器不少于1具，干粉灭火器不少于2具	
		配电房与发电机分设的可放 4~8kg 干粉灭火器，在室内门口处可放 2~3kg 二氧化碳灭火器	二氧化碳灭火器不少于2具，干粉灭火器不少于4具	

注：各高速公路运营单位根据实际情况将具体平方米数转化为实际的建筑场所进行排查。

表 F-4 服务区其他场所灭火器配置要求

序号	配置场所	要求类型	配置数量	备注
1	汽修厂	4kg 手提式干粉灭火器	2 具	每 $50m^2$（含 $50m^2$ 内）
		35kg 推车式干粉灭火器（增配）	1 具	超过 $150m^2$
2	停车场	35kg 推车式干粉灭火器	1 台	每60个停车位（不足60个停车位按60个停车位标准配置；60~120个，按120个计）
3	加水区	4kg 干粉灭火器	2 具	每 $75m^2$（含 $75m^2$ 内）

续上表

序号	配置场所	要求类型	配置数量	备注
4	充电桩	4kg 手提式干粉灭火器	2 具	每台充电桩（含 1 个）
		60L 水基（E 类）灭火器	1 具	每 500m²（含 500m² 内）充电面积
5	危险货物运输车辆临时停放区	室外消火栓	1 个	每 500m²（含 500m² 内）至少配置 1 个
		消防器材箱	1 个	
		4kg 手提式干粉灭火器	4 具	每 2 个（含 1 个）危险货物运输车辆临时停车位
		35kg 推车式干粉灭火器	1 台	
		消防沙池	2m²	
		沙桶	4 个	
		消防铲	2 把	
		灭火毯（1.2m×1.2m）	4 张	
		消防自救呼吸器	4 个	
6	宿办楼	4kg 手提式干粉灭火器	2 具	办公楼、宿舍楼道每 25m（含 25m 以内）
7	多功能厅	4kg 手提式干粉灭火器	2 具	
8	会议室	4kg 手提式干粉灭火器	2 具	
9	餐厅	4kg 手提式干粉灭火器	2 具	
10	发电机房	设置气体（七氟丙烷或气溶胶）灭火系统（自动）	—	按建筑面积每 75m²（含 75m² 以内）
		4kg 手提式干粉灭火器	2 具	
		35kg 推车式干粉灭火器	1 具	
11	配电房	设置气体（七氟丙烷或气溶胶）灭火系统（自动）	—	
		4kg 手提式干粉灭火器	2 具	
		35kg 推车式干粉灭火器	1 具	
12	水泵房	4kg 手提式干粉灭火器	2 具	
13	仓库	4kg 手提式干粉灭火器	2 具	
14	司机之家	4kg 手提式干粉灭火器	2 具	
15	储油间	4kg 手提式干粉灭火器	2 具	—
		35kg 推车式干粉灭火器	1 具	
16	厨房	4kg 手提式干粉灭火器	4 具	按建筑面积每 55m²（含 55m² 以内）

注：各高速公路运营单位根据实际情况将具体平方米数转化为实际的建筑场所进行排查。

参 考 文 献

[1] 中华人民共和国交通运输部，中华人民共和国公安部．道路交通标志和标线 第4部分：作业区：GB 5768.4—2017［S］．北京：中国标准出版社，2017．

[2] 中华人民共和国住房和城乡建设部．泡沫灭火系统技术标准：GB 50151—2021［S］．北京：中国标准出版社，2021．

[3] 中华人民共和国公安部．泡沫灭火剂：GB 15308—2006［S］．北京：中国标准出版社，2007．

[4] 全国雷电防护标准化技术委员会（SAC/TC 258）．建筑物雷电防护装置检测技术规范：GB/T 21431—2023［S］．北京：中国标准出版社，2023．

[5] 中华人民共和国住房和城乡建设部．民用建筑电气设计标准：GB 51348—2019［S］．北京：中国建筑出版社，2019．

[6] 中华人民共和国住房和城乡建设部．汽车加油加气加氢站技术标准：GB 50156—2021［S］．北京：中国计划出版社，2021．

[7] 中华人民共和国交通运输部．汽车维修业经营业务条件：GB/T 16739—2023［S］．北京：中国标准出版社，2023．

[8] 交通运输部安全与质量监督管理司．交通运输企业安全生产标准化建设基本规范 第18部分：高速公路运营企业：JT/T 1180.18—2018［S］．北京：人民交通出版社，2018．

[9] 中华人民共和国交通运输部．公路技术状况评定标准：JTG 5210—2018［S］．北京：人民交通出版社股份有限公司，2018．

[10] 国家市场监督管理总局．气瓶安全技术规程：TSG 23—2021［S］．北京：新华出版社，2021．

[11] 广东省交通集团有限公司．高速公路日常养护作业安全标准化指南［M］．北京：人民交通出版社股份有限公司，2020．

[12] 青海省应急管理厅．非煤矿山企业安全生产风险分级管控体系细则：DB63/T 1803—2020［S］．［出版地不详：出版者不详］，2020．

[13] 成都市应急管理局．生产安全事故隐患排查治理工作指南：DB5101/T 118—2021［S］．［出版地不详：出版者不详］，2021．